深入內在的轉化與修行

獲得心靈真正的自由

朱篔立仁波切 著

目錄

第二章　覺察自我意識的主導與掌控

第三章　業力真的存在嗎？

第四章　氣的理論

第二部　修持靈性意識

第五章　永恆的靈性意識與宇宙意識

第六章　修行的道路

推薦序

只有真正敢於直面內心者，才能成為修行道上的勇士

丁乃竺

認識寬立已超過四十年，當然緣分是經由林雲大師——林二哥。那時我和聲川在加州柏克萊大學念研究所，因著胡因夢而結識了林雲大師。當時的林二哥，身邊總環繞著請求指點迷津的人，以及眾多追隨他學習的弟子。在眾多弟子中，寬立是獨特的，她低調而安靜，但總能把二哥交代的事處理得妥妥當當。

我當時已是藏傳佛教寧瑪派的弟子，但對於林雲大師的「出世密法」充滿好奇。林雲大師在柏克萊開課時，我也專程去旁聽，雖然與我所學不同，但受益良多。一九八三年底我們回到台北工作，那時已定居美國的林雲大師偶爾回台，大家也總會找機會相聚，而我發現在眾多弟子中，寬立已成為林雲大師最倚重的一位。當然最讓我驚訝的是，寬立從一位入世的專業經理人轉為全然的

修行者，在林雲大師過世後，更肩負起「雲林禪寺」廟務及教務的重擔！

修行的道路千千萬萬條，所有的法門最終都指向內心，也只有真正敢於直面內心者，才能成為修行道上的勇士！筧立以她多年的心得寫下了這本《深入內在的轉化與修行——獲得心靈真正的自由》目的無他，只期與有緣人分享經驗，從而將林雲大師多年的教法保存下來。在這個充滿不安的動盪年代，這本書能讓有緣人瞥見另一種內修的道路。願此書能引領更多有情眾生邁向內在修行之道！

（本文作者為「表演工作坊」行政總監及製作人、作家）

推薦序

堅持不斷的修持，到達離苦得樂的彼岸

方新舟

朱寬立仁波切是我們多年敬愛的好朋友。她是佛門密宗黑教第四階段創導人林雲大師的弟子，在二〇一〇年林雲大師圓寂時，繼承衣缽，成為第五階段領導者及精神導師。這本《深入內在的轉化與修行——獲得心靈真正的自由》是她過去三十年傳道授業解惑的心得分享。

我們怎麼來、怎麼去、怎麼想、怎麼感受，一直是哲學、科學與宗教在追求答案的事。因為科學的進步，我們現在可以很清楚的知道大腦的結構、每個區域的功能、彼此的互動關係如何影響我們的受想行識。史丹佛大學的卡羅爾．德韋克（Carol Dweck）教授透過精細的設計及測量，證明了人的大腦用之不盡。她據此推論出，有「成長心態」的人，不但可以活到老學到老，而且可以把壞事變好事。相反的，堅持「固有心態」的人會把自己困住，不但學習成效差，也比較不幸福。德韋克也因為此論文而成為素有號稱教育諾貝爾獎的一丹獎得主。

筧立仁波切的書呼應了「成長心態」。她說「內在的空間是無限寬廣的，其中靈性意識的潛藏能力也是無比巨大的」。她用淺顯易懂的文字，探討如何以「轉化內在」和「修持靈性意識」的方式，安頓身心，提升靈性意識。筧立仁波切用林雲大師的「氣的理論」和「靈子說」，讓我們看見生命的本質、層次和境界，並與我們分享如何通過靜坐和氣的調整，來改變個性、心境和思維模式。

筧立仁波切自信大方，對人充滿關愛，永遠笑容燦爛。但是她在書上說自己從小「在社交上因為缺乏自信，不但沉默寡言，也極度的侷促不安。」我相信，我們現在看到的她，就是她長期「轉化內在」跟「修持靈性意識」的善果。

人生旅途起起伏伏，再怎麼順遂，總會遇到一些困難與困惑。以我個人為例，我的家庭跟事業都算平順，但是六十歲以後陸續得到兩個癌症，做了兩個手術，花了很長的時間才逐漸康復。近年又有椎間盤疼痛問題，需要打六根鋼釘固定。在看筧立仁波切的書時，過去種種像影片似的，一幕一幕呈現在眼前，筧立仁波切的話語像明燈，照亮我內心世界幽暗的角落，讓我有機會反省。

敬祝每一位讀者都會受益於她的分享，能堅持不斷的修持，到達離苦得樂的彼岸。

（本文作者為誠致教育基金會創辦人、均一教育平台創辦人、誠致科技股份有限公司創辦人暨董事長）

推薦序

化解身心靈困境的良方與精進人生的契機

李振清

欣見筧立仁波切的新書出版，書的內容不但延續林雲大師的一些理論，也有作者創新的理論兼實踐的方法，是一本珍貴的著作。筆者有幸，先睹為快這本可以培養正向心態、改善人生、提升修持境界與身心轉換的心靈指南。

在細讀本書的寶貴論述好幾遍之後，深覺獲益良多。讀後的啟發是：面對變幻莫測的當今世界所引發的空前挑戰與不確定性，這本書正好給有緣的讀者們提供了一劑化解身心靈困境的良方，以及提供如何精進人生的契機。書中寶貴的「入世」（secular）與「出世」（transcendental）內涵，以及如何因應現代複雜社會的務實內容與創新觀念，對處於現今亂世而徬徨的讀者們，必定大有助益。

我與筧立仁波切結緣三十餘年，在一起受業於林雲大師的過程中，親身見證了她的智慧、才學、毅力與研究精神。難得的是她自一九九〇年代開始，長期安排並跟隨林雲大師走遍全球各地演講、授課、訪談、參觀、諮詢等，深得林雲大師「氣」與「堪輿學」理論的教法真傳。其中，調氣練氣、修持靜坐、出世理論與佛法研究等，均在她的縝密研究、悉心觀察與案例實證中，獲得體悟與詮釋。而這些難能可貴的經驗與成果，便都逐一展現在這本書中。

「內在轉化與修行」的分析，是本書的重點核心之一，也是現代人調養自身生命與際遇的關鍵。誠如覓立仁波切開宗明義所強調的，「我們的生命是身、心、靈與外境四者的組合。依照這個組合，我們的生活可分為物質生活、精神生活和靈性生活。」至於如何調和身、心、靈、與外境不可測的多元因素，從而解除隨時存在的負面情緒，如挫折、憤懣、委屈、抑鬱、苦悶、恐懼、空虛、無助、悲觀等，則可賴本書所揭櫫的根本方法，讓生命達臻至高的愉悅與樂觀境界。在這個過程中，本書各章所介紹的入世解法與出世解法，如自我觀照與轉化、調整並提升靈學上所闡述之「氣」、培養覺知潛能、精進修持靈性意識等，均可供參考與實踐。至於如何落實並精進這一系列的修持，則可依照本書各章所介紹的練習法則，循序漸進的練習，就會收穫很好的效果。

在有關修持過程的部分，筧立仁波切引用了林雲大師有關業力典範（karma paradigm）、因果法則（The law of cause and effect）以及與命運（fate）有關的「多元緣生論」和「撥命論」法則，並從實踐的視角，進一步加以詮釋。這一部分珍貴的探討與衍伸示範，為對靈修有興趣的讀者們提供了實用的修持途徑，從而在現實生活中幫助改變心態，並建構樂觀、自在與正向的人生。我相信在現實世界中，藉由本書的實踐內涵，不僅可以幫助排除如挫折、憤懣、抑鬱、苦悶、恐懼、空虛、悲觀等的負面情緒，亦可進一步強化「五根五力」的境界。

本書部分的申論內涵，看似有點神祕，這是因為探索「出世」思想的關係。然而，「出世」觀念正是人類思想體系中，可藉由研究與學習而轉化為「出世」知識所必須具備的。著名的「現代物理學之父」愛因斯坦，曾說：「神秘思維是人類最美的經驗。它是搖籃中真正藝術與正統科學的基本情感。」（The most beautiful experience we can have is the mysterious. It is the fundamental emotion that stands at the cradle of true art and true science）蘋果公司的創辦人賈伯斯生前，一直鼓勵員工與年輕世代，要隨時「面對改變」，並視「改變」為「機會」（See changes as an opportunity）。

愛因斯坦與賈伯斯的人生哲理，不但突顯林雲大師「入世」與「出世」的教法精髓，同時也驗證了覓立仁波切書中的寶貴內涵。我認為，這本書對於有心自我修持的讀者們，具有高度的可讀性，也具有參考與實踐的價值，於此鄭重推薦。

（本文作者為國家教育研究院雙語審譯會召集人、世新大學前人文學院院長暨終身榮譽教授、台灣駐美代表處前文化參事兼文化組組長、教育部前國際文教處處長）

推薦序

內在轉化的過程與企業解決問題的方法相似

海英俊

我和寬立仁波切是台大社會系同班同學。印象中，她對生活似乎總是充滿了躍躍欲試的好奇，樂於探索未知。其實，在那個做夢的年代，誰不是跨過現實，對人生滿懷著夢幻似的憧憬呢？但是在我踏入職場後，迎面而來的就是日以繼夜永無休止的忙碌職場生涯，除了工作以外，其他的事幾乎都顧不上了。

記得在九十年代初期，我因出差到北加州舊金山灣區，忽然想起可以順道拜訪一下大學畢業後即未見面的朱寬立同學。於是，我有機會參訪了位於柏克萊的「雲林禪寺」，也有緣拜見了林雲大師。對林雲大師的和藹可親與平易近人留下了極深刻的印象。我雖然有不同的宗教信仰，但是我也一直認為，人與人之間的情誼應該是超越宗教間的隔閡。

我早年任職金融業，後來轉至科技產業。企業是要求專注於實務的經營管理和業績成效的，因此在我的思維中，幾乎沒有機會涉及所謂的精神領域。就算偶爾會有情緒上的不悅，但是很快就被接踵而至的忙碌所吞噬。在閱讀完覓立仁波切的新書後，我不由得閉目思考一些經歷過的人事物，不論是自己，或是職場上的同事、員工、客戶、朋友和一些人脈關係等等，有很多人隨著年齡的增長和生活經驗的洗禮，會有顯而易見的成長與成熟；但是也有不少人，在情緒的穩定程度和思維方式上，卻是原地踏步。

在這本深入探究精神層面的書中，覓立仁波切有系統的講述了內在世界的結構、負面的心識作用如何導致負面情緒和負面能量的產生、強大的自我意識如何主導著負面情緒、如何處理負面的慣性反應模式、如何發展新的正面的反應模式，以及「多元緣生論」的思維方式等等。我從書中了解到，我們在日常生活中會看到自己或是一些人的負面表現，原來是由我們的內在所產生，而外在環境中的發生，只是導火線而已。我也非常同意書中所說，根本解決的方法，就是要從自己的內在著手，想要改變自己，就必須先認識真實的自己，檢視內在的每一個面向，並一一去重新建立正向的、新的反應模式。

我發現，這和我們在企業管理層所需具備快速正確解決問題的能力

（problem solving skills）非常相似。公司管理層解決問題的方式是，必須先釐清並界定問題的核心，思考並提出解決問題的方案，在一些解決方案中，識別並挑出最好的一個，實施後還需要不斷監測，不時的調整修改，直到問題獲得妥善處理。因此，在問題出現時，應該是立刻檢視調整自己公司的內部作業、策略和方向，而不是去要求客戶改變他們公司內部的營運來配合我們的要求。

書中所論及的氣的理論、氣的調整和靈性意識的修持，對我來說，雖然是全新的領域，也頗具有邏輯性的說服力。在職場上，最常見的負能量，就是同事、員工們的工作壓力和情緒的波動，直接影響了工作效率和表現。管理層的顧慮，當然也就會落在員工士氣的低落與業績的滑落上。筧立仁波切學有所長並擁有企管碩士，以她公司管理的實務經驗背景，於書中提出的方法與練習，雖然不一定為一般人所熟悉，我相信就是解決問題的方案，也一定會有很好的實際效果。

我有一點驚訝，這本書雖然探討的是精神層面和一些仍屬於未知的意識層面，但並不是純粹的形而上，而是將形而上的課題，融入現代人的生活。我想這也是這本書容易閱讀和理解的原因。換句話說，本書內容非常適用於我們的生活與職場。從企業管理的角度來說，我非常推薦在職場打拚的年輕人閱讀，因為如何認識自己，如何提升自己，如何以正能量替代負能量，如何以強大平和的內在來面對紛擾的外在世界，這些都是年輕人此時應該為自己美好的人生，先放好一塊穩定的立足基石。「開卷有益」，希望讀者們都能受益於這本書。

（本文作者為台達電董事長、工研院第十一屆院士、台灣氣候聯盟第一屆理事長）

推薦序

修養身心靈，提升心理健康與安適感

張珏

今年二〇〇三年，「世界衛生組織」與「世界心理健康聯盟」成立七十五週年了。兩個組織也共同發起了「心理健康是普世人權」的主題活動，宣導人人都應該擁有高品質的心理健康，並呼籲社會各界提升對心理健康的重視，積極採取行動，使每個人都可以享有並獲得優質心理保健的基本人權。寬立仁波切此時出版的這本新書，正符合了上述的呼籲。

目前的國際情勢十分混亂與險峻，戰爭連連，導致大批難民流離失所；新冠肺炎全球肆虐，導致社會隔離封閉；氣候變遷導致天災頻仍；全球自然環境遭受嚴重汙染破壞等等，在大環境種種不利的情況下，個人很容易會出現孤寂、恐慌、憤怒、焦慮、憂傷等等不良情緒的產生，卻又不知如何紓解與處理，因而導致家暴、虐童、性侵、自殘、傷人、酒醉、鬥毆等等的傷害行為快速攀升。

其實「心理健康」是生活的一種展現，是可以學習的。但是目前大多數人都是在問題發生後才尋求治療，而心理健康的輔導，也就被動的成為事後才能夠加以處理。若能在問題發生的前期，就先對個人或家庭提供促進心理健康的知能，應該就能減少嚴重後果的發生。

寬立仁波切這本書深入淺出，從精神層面切入，深入內在，探討負面情緒、負面思維和負面的言語行為，也打破了大多數內在負面的人對心理健康問題避而不談的禁忌。有很多人認為心情低落是自己可以處裡的，若是說出來擔心會被稱為心理有問題，或被認為是精神疾病患者，即使要談也不願意深入的坦誠相告。

綜合世界衛生組織對心理健康的定義，心理健康與生理健康密不可分，也與社會建構的環境和政策息息相關。

◎個人心理健康：了解自我，面對情緒，因應與處理生活的各種狀況如壓力、悲傷與衝突，學習表現自我能力或潛能發揮，貢獻社會，達到人我社群的互動與支持。不分身心障礙或疾病與否，人人皆適用。

◎社會心理健康：創造個人支持性的環境、增加人與人之間的互助、互惠，減少人與人之間的隔閡。

◎國家心理健康：從政策上和制度上，建構友善的生活環境。心理健康不只關注在心理疾病的治療，也包括如何提升心理健康與安適感。增加提升與保護因子，減少風險因子。

近年來，國內大眾紛紛提出心理健康的重要，但卻比較缺少確實方案的提出。筧立仁波切這本書，不僅說明修養身心靈的理論基礎，也提出解決方法與行動。書中以內在十二個面向來了解自我和他人，以及如何因應多變的社會。仁波切耐心說明個人如何覺知到外在的人事物，以內在轉化的方法，反求諸己，對外在的環境不再負面以對，用平和感受取代憤怒、慌亂與恐懼，安定內在世界，心靈有所依歸；進而體會到生命的可塑性，能夠接受世事的變化，肯定自己具有重塑的能力。同時也進一步針對不同處境的個人，藉著自我覺察的修行，對他人展現同情心與同理心。非常感佩筧立仁波切願意傾囊相授與諄諄善誘，讓讀者可以清楚的了解如何去做內在轉化的功課。

國際心理健康組織都在不斷地倡議，在促進心理健康的努力中，不能只找致病因素，而是要找到提升心理健康的有利因子，也就是預防勝於治療。此時這本書不但非常符合世界趨勢和需求，同時提供氣的調整、靜坐修持、自我觀照、內在轉化等等的方法，也就是預防心理疾病發生的方法。書中內容貼近我們的生活理念，也代表了對「心理健康」內涵的看法。雖然不同於學術與主流醫學的理論與方法，但我認為完全可以相輔相成，推薦大家再三閱讀，助己助人。

（本文作者為台灣心理健康聯盟召集人、台大公衛學院健管所兼任副教授）

推薦序

閱讀開心，修行舒心

韋懷群

筧立和我是北一女高中同班同學，她教我籃球（從拍球開始），以應付體育課考試，我則是糾正她唱歌音準（好像有點五音不全），應付音樂課考試。

記得在學生時代的校訓：「誠愛勤勇」「公誠勤毅」，學子們的所思所行都應該以這些為指標，教我們要誠懇、愛人、勤奮、勇敢。至於怎麼做才是誠懇、勇敢？校訓裡卻沒有說。怎麼做才叫公而忘私、有毅力？也是要靠個人自己去意會了解。長大後，我們反而學會了「互訓」，把這些品德價值當成標籤，用以評判他人：某甲好像很堅忍，某乙好像滿秉公的，某丙根本就是太虛偽……總之，每個人對不同的價值都有各自的定義，而我們對美好的品德，似乎卻從未要求過一致的行為準則。

後來，我們有了「青年守則」：「忠勇為愛國之本；孝順為齊家之本……」

這對努力向上的我們確實大有幫助，守則裡不止講美德，還定義了做法。例如，在遇到敵人時，如果能夠忠心又勇敢，就叫做愛國；想要把家管好，就要做到父慈子孝；想要成功，就必須有恆。姑且不管今天的我們是否還信仰當年「青年守則」所鼓吹的價值，至少守則寫出了方法。若對某些價值有所追求，就照著守則裡的方法去做做看。

寬立仁波切這本書言簡意賅，出乎意料之外的單刀直入，而且一舉命中問題核心。近年來也有很多人談「修行」，「修行」二字聽起來高深，感覺上好像是很厲害的人才能做的事。然而，到底要怎麼修？修到什麼境界才算修好了？卻很少看到說明。寬立仁波切在書中直接指出：「修行沒有終止的時候……是學習的過程，它的功夫就是自律的功夫。」我淺薄的解讀為：修行就是一種正能量的累積，靠著自律的功夫，把心裡和腦子裡的負能量趕出去（達到某種內在的淨化）；再把正知與善良等的正能量引進心裡和腦子裡，改變自己成為更好的人。

而修行的前提就是要自知。要先了解自己的長短優劣，才曉得要趕走哪些不好的行為與識見，要增益哪些善念與良好品質。所以，修行必須要先鍛鍊自我檢視的力量，靜下心來內省是必要的前提。也就是說，如果有所謂的法門，靜坐就是修行的敲門磚。

那麼，該如何靜坐呢？近世也有許多人談打坐，有的依託宗教，有的依託瑜珈，還有的依託筋骨鍛鍊課程。箟立仁波切說，靜坐最重要的就是，坐時腦子裡在想什麼、內心在慮什麼。凡是試過靜坐的人都知道，多半時候只要一坐下來，腦子裡就開始亂轉亂想，不要說掙脫糾結了，就連集中想一件事都困難。箟立仁波切提示道：初學者要從專注在呼吸上開始，而且是極緩慢的呼與吸，越慢越好。

我認為這本書的第六章，對大多數人而言應該是個「寶」，也是個方法守則。它不僅告訴我們靜坐的意義，還告訴我們如何透過靜坐，把腦袋裡那些飛來飛去的念頭與情緒送走。方法很簡單，就是把呼吸放得很緩慢，然後很仔細地分析並享受呼吸，很慢、很舒服，漸漸地我們的呼吸能夠融入周遭，進一步細膩地感知「天行健」，改變我們覺知的方式，除掉腦子裡和心裡的那堆憂慮和胡思，代之以清明的正能量。

箟立仁波切還告訴我們：對於初學者，一開始能夠好好靜坐十分鐘就夠了。在積攢正能量的過程中，還要確實地去感知自己「正在」去濁存清。我並非任何特定概念下所謂的修行者，卻很喜歡這本書。古人教導我們讀書人要依序正心、誠意、修身、齊家、治國、平天下。今天的我們，雖然常常齊家但是只會半套，治國則是脫不出選舉看熱鬧，平天下也僅止於呼口號。雖然如此，我們還是很想好好立足於職場，無愧於生命。那麼，筧立仁波切這本必修課綱，正好能領著我們積極去除壞毛病與歪心思，引進正知與正念，非常值得參考。她所提倡的「修行」，也與我們所熟悉的君子之道，至少在「正心、誠意、修身」有著異曲同工之妙，都是以幫助我們成為更好的人為目標。

（本文作者為台灣資深戲劇學者、辜公亮文教基金會執行長、「台北新劇團」及「台北戲棚」創辦人、二〇一五年傳統藝術金曲獎「特別貢獻獎」得主）

作者自序

每個人都具有重塑自己的能力

我有幸拜師於佛門密宗黑教第四階段創導人林雲大師門下三十年。三十年的學習中，林雲大師不僅引領我進入佛門，學習佛法、靜坐修持法、堪輿學，以及其他密宗黑教珍貴的出世教法，也讓我對生命中精神層面與靈性意識的探究，產生了濃厚的興趣。尤其是林雲大師的「氣的理論」和「靈子說」，深入淺出的解釋了一些神秘而又複雜的課題，譬如生命的本體、生命的來去、生命的層次與境界、靈性意識、宇宙意識、靈界和法界的探索等等，讓我對生命的整體、對自己、對他人與人生，都有了新的認知和更深入的瞭解。

在日常實修上，經由氣的調整和靜坐修持，大幅度改變了我的個性、心境和思維模式。尤其在靜坐中所體驗到的內在靈性意識與法界的連結，以及所得到的訊息、加持和指引，都是極其不可思議的，完全超出我原有的思維邏輯所能想像到的。

在日常生活中，不免會感受到外在環境的壓力，內心也會時常產生矛盾與衝突。我從小對自己的表現總是非常不滿意，對於內心的挫折感與無力感也總是氣惱不已。尤其在社交上，因為缺乏自信，不但沉默寡言，也極度侷促不安。外在環境的任何一點障礙，隨時都會擊潰我的信心。大學時，偶然間讀到唯物論，其中有兩點給了我很大的啟發：

一、外在的事物是不斷在發展的，不會因為主觀願望而停止。

二、外在事物是客觀存在的，不會因為主觀願望而有所改變。

我開始思考，我應該設法調整自己去適應外在環境，而不是糾結、抱怨、責怪外境所發生之事，也不是設法去改變他人，更不是等待外在環境順從我意。當我日後遇到佛法時，佛法的萬法唯識與超越空有，便正好契合我心。

佛法是絕對的唯心論，境由心生，是內心創造了外在世界。若想要舒緩精神層面的壓縮、煩惱和痛苦，想要改變負面思維、負面情緒和精神狀態，必須先改變自己的內在，而不是去改變外在的環境。若只是一味埋怨和責怪外境中不愉快的發生，或是將改變的希望寄託在外境中的人事物上，往往難以如願，因為客觀環境不見得會因為我們的主觀願望而有所轉移。

於是，每當遇到逆境時，我學會思考如何安頓被外境中人事物所干擾的心情？如何面對我不滿意的人事物？如何擺脫我的負面情緒？如何從負面思維的泥沼中脫困？如何改變生命現狀？如何提升生命？如何重塑生命？以及如何成為更好的自己？

我知道改變必須由內而外。在學習、閱讀、思索之外，我也用心去觀察、分析和思考外境種種，檢視自己對外境所產生的感知、覺受和念頭，思考如何調整自己的言語行為模式，並且在生活中反覆實驗自己的思考和體悟。在我所用的方法中，獲益最大的就是氣的調整、靜坐修持、身語意的自律以及深層的自我觀照和檢視。

在練習一段時間後，每當面臨現實環境中的挑戰和考驗時，會逐漸看到自己所反應的思維、念頭和態度是趨於正向的，也會感受到內心出乎意料的平和、淡定和強大。原來，所謂的「改變」，就是外境中的人事物依舊，不同的是我的感知覺受、念頭思惟、言語行為、心境心情和應對態度。我可以不再負面以對，而是逐漸以平和取代憤怒、慌亂與恐懼。我也因此深刻體會到生命的可塑性，我們確實具有重塑自己的能力。

多年來，因為安排林雲大師在世界各地忙碌的演講與授課，我也有幸走遍大半個世界廣結善緣。但是，我接觸到很多人內心的苦悶、無奈和憂慮，看到很多人任由負面情緒掌控而深陷煩惱痛苦之中，就像從前的我一般。

想要追求身心安頓，就要致力於讓內心持久穩定的安住於平和寧靜之中。也就是說，不論外在環境如何施壓、紛擾、艱困，我們的內在世界依舊不動如山，永遠保持歲月靜好的平和寧靜。要達到這個境界不容易但也並不困難，就是必須反求諸己，做好「內在轉化」的功課，不斷學習和練習，超越內在自我的侷限。同時，內在的轉化也會讓我們的生命更具有意義。我的這些體會和淺見，構成了這本書的內容，也是促使我寫這本書的動力。

我以個人的淺見，整合了林雲大師的教法、佛教的哲學思想，以及我個人在修行道路上淺薄的學習心得、經驗與體悟，嘗試探討和解釋人類精神層面的內涵，綜合出內在轉化的方法，希望對「心靈成長」與「提升個人生命」領域有興趣的讀者們帶來幫助。本書所呈現的內容，就是深入分析內在世界的各個面向，提供具體轉化內在的方法，詳細解說內在世界中最重要的生命本體——靈性意識，解釋靈性意識與宇宙意識的關連，以及如何走在修行的道路上。

林雲大師於二〇一〇年圓寂，大師駐世時即指定我為「佛門密宗黑教」的法脈繼承人，承傳廟務和教務工作。在教學相長的這些時日裡，我有更多機會學習，同時也有更多機會檢驗我整合式教學的內容與方法，是否能確實有效的幫助學員們成長和進步。

林雲大師駐世時曾說：「科技的發展雖然帶來許多便利，但也大幅減少了人與人之間的互動，拉遠了人與人之間的距離，擴大了個人與人群以及社會之間的疏離感，人類會因此而更加孤獨。在未來的世代中，人類會更需要精神層面的修持與提升，才能有平衡的心理與生活。」

環顧周遭，現今的世界確實走向這樣的趨勢。我深切地冀望這本書能幫助新世代的朋友，在精神層面上免於徬徨失落或抑鬱孤獨。不論這個物質世界如何前進和變化，不論物質條件如何，我們的內在世界必須安定，必須有所依循和歸屬，人生才能得以安住平和、寧靜、愉悅和滿足之中。

本書的出版，要特別感謝圓神出版社主編賴真真小姐，感謝她的寶貴意見和耐心等候。也衷心感謝多年來支持愛護佛門密宗黑教的同修和朋友們，感謝你們的鼓勵、信任以及深厚的情誼。

最後，謹以此書敬獻給最敬愛的上師　林雲大師，感恩上師所有珍貴的教法、教導、加持與指引，沒有上師的教導，就不會有今天的我。

作者導讀

內在轉化與修行的過程，便是自我救贖的過程

幾千年來，人類對精神層面的重視遠遠落後於對科學與高科技的重視。正如達賴喇嘛所說：「人類花費了大量的人力、物力和財力去探索外太空，卻忽略了探索自己內在無限的空間。」在人類文明的發展上，科技與人類的精神層面的確成為兩條極度不對等的平行線。科技的進展儼然成為人類矢志不渝的追求，遺憾的是，卻並未帶來心靈全然的安頓、快樂與幸福。

我們的生命是身、心、靈與外境四者的組合，我們的生活可分為物質生活、精神生活和靈性生活。生命的歷程就是在這四個組合下和這三種生活中漫步度過。我們的一生通常都是優先忙於應付物質生活，應付外境中人、事、物和一切的發生；相對而言，精神生活和靈性生活在日常中所占的比例極低，因

為人們常忽略且忽視心理層面的健康和靈性意識進化的重要性。本書即試圖探討人類的精神層面和靈性層面，以「轉化內在」和「修持靈性意識」的方式，讓生命在這一世的遷移中，身心能夠有所安頓，靈性意識能夠有所提升。

精神層面就是我們的內在世界。每個人的生命裡都會經驗負面思維、負面念頭和負面情緒，諸如挫折、憤怒、委屈、抑鬱、苦悶、恐懼、創痛、空虛等，不但干擾內心安定，也帶來不同程度的煩惱和痛苦。負面能量會造成內在失衡，也會造成負面的言行和態度。通常我們會直覺認定，負面情緒的起因是由於外在環境中人事物的壓力使然。事實上，負面情緒的源頭是來自我們內在世界中負面心識作用的結果。而與外境的對立和衝突，只是負面情緒產生的導火線。

想要去除外境中人事物帶來的困擾和煩惱、去除內心負面的感受覺知，改變心境不再受負面情緒糾纏干擾，就必須要先了解，改變自己比改變外境中的人事物容易許多。然而，很多人對「改變自己」抱持著沒有必要、排斥、懷疑甚至恐懼的心理。「改變」是幫助自己成長的方法之一，人生的歷程就是一個學習的過程，想要成長進步，就要學習不斷改變自己。那麼，如何改變自己呢？最直接、有效、澈底的方法，就是從精神層面的內在世界著手——走入內在世界，做內在轉化的功課，並且修持靈性意識。

內在的空間無限寬廣，其中靈性意識的潛藏能力也是巨大無比，這就意味著我們成長進步的空間是無止境的。因此，千萬不要自我受限，心靈痛苦的原因之一就是侷限自己生命的發展。我們必須走入內在，因為只有在內在世界中才能找到真實的自己，看清自己真實的面目，從而如實的接納自己。本書就是探討如何洞悉最真實的自己、如何轉化內在、如何修持靈性意識、以及如何獲得心靈最大的自由。這個改變內在世界提升生命的過程，即是「內在的轉化」。內在轉化與修行的過程，便是自我救贖的過程。

內在轉化的目的，是訓練我們的心超越外境的干擾；修持靈性意識的目的，是淨化生命裡埋藏已久的雜質。走在修行的道路上，持續做著內在轉化與修持靈性意識的功課，當內在一切負面感受逐一消融，負面的思維、念頭和情緒不再生起，隨著轉化與修持能量的累積，心會逐漸不再隨境而轉，內在也會逐漸變得平和、安定、強大。那時，我們便到達了與內在轉化和修行約定的地方，在那片內在的桃花源中，生命和諧安定、內心歲月靜好。

本書分為兩大部分，共六個章節。第一部分是「深入內在」，分述組成內在世界的重要面向，以及提供內在轉化的方法。第二部分是「修持靈性意識」，探討生命的本體——靈性意識的究竟、修持靈性意識的意義、修行的方法、以及如何將修行的覺知融入日常的行持。

第一部分「深入內在」帶領讀者走入內在世界，了解內在世界結構的十二個面向。十二個面向中較為重要且複雜的面向，如自我意識、業力影響和氣的調整，則分別在單獨的章節詳細解說。了解內在世界結構的要素、作用和影響之後，對於做內在轉化的功課會有很大的幫助。

第一章「深入內在才能做轉化的功課」，深度剖析內在世界的結構、組成內在世界的十二個面向、各個面向之間的網絡關係、對外境的識別作用、內在的心識如何作用、如何透過對自我的觀照和檢視來轉化每一個面向、如何去除內在的負面能量、以及如何破除並建立新的言行模式。章節最後提供了轉化功課的練習，讀者可以按照個別情況來做自我觀照與檢視。清楚了解內在每一個面向後，才能了解自己最真實的狀況，也才能知道如何改變。內在轉化的功課就是在每一個面向中進行的。

第二章「自我意識的主導與掌控」，帶領讀者進入深層意識中的自我意識，認清「我」和「自我意識」的不同。經由轉化的功課，了解自我意識對我們的思惟、念頭、情緒、言語、行為等的掌控，並提供如何降低自我意識的方法。對自我意識深入的了解，也是認識自己最真實狀況的重要線索和途徑。

第三章「業力真的存在嗎？」有不少人將生命中的幸與不幸與業力連結在一起，並且認為業力與因果是注定的關係，其實不盡然。我將業力做為內在世界中的一個面向，是因為業力雖然存在，有其一定的影響，但是可以淨化和改變。本章探討業力的成因、業力的影響、業力與因果的關係、業力是否注定不可改變、以及如何淨化業力。希望對業力十分介意的讀者們，讀完這一章後能夠寬心釋懷。

第四章「氣的調整與提升，是避免抑鬱的特效良方」，這裡的「氣」並非中醫所說的「氣」，也不是氣功的「氣」，而是靈學上的「氣」。讀者對「氣的理論」或許會感到陌生，但是在我四十年的學習、體驗和實驗中，「氣的理論」與「氣的調整」卻是解釋生命本質與生命現象最顛撲不破的理論。尤其是「氣的調整」方法，對於低沉抑鬱或是焦慮痛苦的人，會有立竿見影的效果。

第二部分「修持靈性意識」，是做內在轉化功課之後的進階班。分為兩章討論：一是深入了解生命的本體——靈性意識，以及修持靈性意識的意義。二是我們走在修行道路上所需要做的功課，也就是日常行持的規範。

第五章「永恆的靈性意識與宇宙意識」，詳細解說內在面向中的「靈性意識」為什麼居於統攝的核心地位，並探討生命的來去、生命與宇宙的關連、以及靈性意識與宇宙意識的關連。靈性意識是人類生命的本體，也是宇宙間所有不同形式生命的本體。在內在世界十二個面向中，以及在各個面向不同層次的識別作用中，靈性意識都是居於不可撼動的統攝地位。經過修持的靈性意識，對一個人心性的轉變、內在的轉化、生命的提升，都會產生不可思議的正能量，引領我們走向豐盛的人生。

第六章「修行的道路」，講述什麼是修行、修行與內在轉化的相輔相成、內在與外境的關連、修行的挑戰、修行的目標、以及詳述在修行道路上需要做的功課，包括：知見的學習、覺知的培養、行止的規範、修持靈性意識的靜坐、觀照的智慧、內在的檢視、改變的勇氣、氣的調整與培養閱讀的興趣。

靜坐是修持靈性意識的唯一方法，而修持靈性意識又是生命在宇宙中進階的唯一方法。經由靜坐才能探觸、開啟、進化我們意識層中最深層、最細微的靈性意識。而靜坐的功夫深淺，則需要靠著努力不懈的練習才能有所成就。

我們內在的空間原本無邊無垠，卻被種種負面的思維、負面的念頭和負面的情緒遮蔽，被煩惱痛苦籠罩。雖然時不時也會感覺豁然開朗，但卻稍縱即逝。如果能持續做內在轉化的功課，精進修持靈性意識，一點一點去清理，一步一步去拓展，直到我們的心脫離各種負面情緒的掌控，淨化了累世較為薄弱的業力，內在世界就會回復原本應該有的廣闊空間。那時，我們所感受到的是心靈的自由、身心的安頓、生命提升的力量，以及時時安住當下的平和、寧靜與喜悅。

第一部

深入內在

第一章 深入內在才能做轉化的功課

很多人都在說「內在」，但是「內在」究竟是什麼？內涵又是什麼？也許有人會說，大概就是我們的內心吧，是的，但仍然太籠統。要做內在轉化的功課，就必須要先對內在世界有更具體的認識，才得以深入內在、洞察內在，「內在轉化」也才能成為可以付諸實行的功課。

走入內在世界一探究竟

「內在」不是一個實體，不是實質的空間，不是籠統模糊的概念，也不是未知的神秘世界。內在世界就是我們的精神層面，也就是身、心、靈三者中的「心」和「靈」。內在世界的活動與作用，主導著我們的認知、覺受、思維、念頭、情緒、心性和心境，影響著我們表現於外的言語、行為和態度。

我將內在世界歸納成十二個不同的面向，成為內在世界的架構。這個架構涵蓋了我們整個意識層面，從表層的感官意識，到深層的自我意識和潛意識，再到最深層的靈性意識。各個面向與面向之間的互動，如同一個相互串連的網絡關係，因而產生內在的心識作用。心識作用極其重要，小則牽連日常生活中一切喜怒哀樂的感受情緒，大則關乎生命在輪迴中的上昇或墮落。

內在世界中的十二個面向包括：

- 起心動念
- 累世和今生的業力

- 習氣
- 習性
- 人格特質
- 經驗的記憶
- 感官意識
- 情緒作用
- 氣的狀態
- 自我意識
- 潛意識
- 靈性意識

十二個面向與面向之間並不是單獨作業而是相互連結、牽動、作用、影響，是一個極其複雜的網絡關係網。

每個人的內在世界中，十二個面向所占比例各自不同，因人而異，而每一個面向的組成成分也各自迴異，因為每個人有各自獨具特色的生命本體、各自累世的因緣、各自的軌道、各自的脈絡，因而有各自累世不同的生命故事。每一個面向都包含了正面和負面特質，根據不同成分形成各種不同組合，也就形成了每個人的特殊性。這些正、反、好、壞皆有的複雜組合，因人互異，無法歸納化約也無法演繹推斷。「佛說一切法，為度一切心；若無一切心，何須一切法」，每個眾生有各自內在的心識作用，便是因為各自內在所有面向的組成成分有著極大的相異性。

內在世界的網絡關係千絲萬縷盤根錯節，其中有些面向如靈性意識、業力、自我意識和習性，其組成成分是累積的，而累積的時空背景又無比龐大，跨越了輪迴中無數劫的生命，還摻雜著數不盡也理不清的各種緣分牽連。因此，我們內在世界的活動，以及在其間所產生的一切心識作用，並不是用單純的邏輯思維就可以了解和看清的。我們可能知其所以但不知其所以然，可能只看到表相，卻不曾想到表相後面還有許多不同層次的實相。

外在環境對內在世界影響很大。日常生活中面對外境中一切人、事、物的發生，無論大事、小事、好事、壞事，都是經由感官意識進入到內在世界，觸動內在世界的網絡系統，啟動網絡各個面向的連結，引發內在的心識作用。從有意識到無意識，從最粗大到最細微，都會經由心識作用產生種種心念。既有念頭，就會有喜、怒、哀、樂等情緒，接著展現到外表的言語、行為和一切的造作上。

在對外境中的人事物及一切發生的識別過程中，自我意識會悄然地介入內在網絡的各個面向。在自我意識的影響下，製造出「我的」想法、「我的」意見、「我的」做法、「我的」喜怒好惡、「我的」經驗、「我的」主觀論定，以及「我的」選擇取捨等等，於是，我們的心對外境就會產生種種攀緣與執取。當然，自我的執取有正面也有負面。簡單來說，擇善而固執是正面的，產生正向的心識作用；若擇不善而固執，堅持錯誤的看法、判斷與結論，就是負面的，導致負面的心識作用。

持續已久的負面情緒會使我們對外境的接受度越來越狹窄，與外境的互動、應對與處理方法也會逐漸失去彈性而變得越來越僵硬。負面情緒不但讓我們與外境發生衝突，也與自己內在產生矛盾，造成了所謂的「二元對立」，帶來種種煩惱、掙扎和痛苦。當然，心識作用的結果也會有正面的、愉悅的。只不過來自外境的快樂通常是短暫、片刻、零散的，往往只是一種消耗性、稍縱即逝的精神鴉片。

內在網絡關係中的「靈性意識」是我們生命的本體，它含藏了累世的惡業和殘留的習氣，也含藏了累世的善業和潛在的廣大慈悲與無上智慧。在心識作用中，靈性意識居於領導地位，統攝所有其他的意識。每一個面向與靈性意識的關係雖然相互依存，但也具有此消彼長的特性。當靈性意識經過修持的鍊金後，會逐漸獲得淨化與提升，而氣燄囂張的自我意識就會自然而然隨之降低。若是修持靈性意識能夠達到最高的清淨光明境界，也就是自我意識的終結之時，那便是涅槃境界。

我們常聽到一句心靈方面的用語：「要去探索內在」，但是如何進入內在？要探索什麼？又如何探索？我的答案和所用的方法是：「探索內在，就是深刻的觀照和檢視自己內在世界架構中的十二個面向。」觀照檢視的方法是以層層剖析的方式，在內在的每一個面向中，追溯每一個負面情緒與每一個負面念頭的根源，探究每一個負面情緒與負面念頭真正的起心動念。如此，我們才能認識、了解、覺察和洞悉自己的內在，才能了解自己最真實的狀況。這也就是「內在轉化」要做的功課。

複雜的網絡關係產生複雜的心識作用

日常的內心感受和言行表現，都是心識作用與外境結合所製造出來的產物。當我們接觸到外在一切人事物的發生及遭遇時，不論順境或逆境，不論接受或拒絕，都會由感官意識立即進入內在，與內在世界中的十二個網絡面向迅速連結，展開內心世界的活動，並且同時開啟複雜的連鎖反應，由此就會產生種種組合式和複合式的心識作用。

心識作用有一個過程。先是對外境有最直接的認知、識別、感覺和領受，接著就會生起念頭、判斷、執取、攀緣等心念意向，再接著就會表現在言語、行為、態度以及一切的造作上。經過無數次同樣的連結和反應，就會自然發展成為一個「慣性反應模式」。而這個「慣性反應模式」，因為我們太習以為常，久而久之就會被誤認為是自然的想法，甚至被誤認為是理所當然的個性。

當一個慣性反應模式被一再反覆練習及使用後，在日常生活中面對同樣的情境時，相同的戲碼也就會不斷重複上演。於是，在內在網絡關係中，各個面向對某個情境相對應的連結，也就形成了一個「既定路線」。心識會影響大腦的作用，這個內在心識作用下的「既定路線」，也就逐漸成為大腦反應的「既定路線」。換句話說，如果改變內在心識作用的既定路線，大腦對外境反應的既定路線也就會跟著改變。

內在網絡如何連結？心識作用的既定路線又是如何形成？舉一個每天都在我們生活中發生的實際例子：當我們與家人、朋友、同事，甚至不熟識的人互動時，對方說的話或做的事不合我意，或是和我的期待值有所差距，不是我喜歡聽到的，也不是我喜歡看到的，內在網絡的各個面向便會立刻相互連結，啟動內在的心識作用。也許「起心動念」中的我慢之心會即刻不以為然：「你不會懂得比我多」，「經驗記憶」也會提醒你：「對方為什麼總是做讓我不悅的事。」

「人格特質」中從不換位思考的自私心浮起，永遠只顧慮自己的高興與否。衝突事件的發生，也可能是由於過去世業力的糾葛；與生俱來易怒的「習氣」會摻上一腳；缺乏耐心、煩躁、衝動的「習性」也隨即浮現；而「自我意識」當然會立刻連接到根深蒂固的「愛我執」，這是「我」不喜歡的、「我」不願意接受的；「氣的狀態」恰好又是屬於固執、不通氣、不經思考、衝口而出的「氣」；未經修持的「靈性意識」又無法對網絡的連結釋放出正向影響，因此想法狹隘，缺乏對他人的同情心、同理心和寬容心。於是，負面的心識作用與負面情緒由此而產生，表現於外的言行態度就是：音量提高、反唇相譏、頂撞、口角、甚至破口大罵，態度上則會表現出憤怒、不屑、臉色難看，接著就是拍桌子、摔東西、摔門等行為。

當我們每天面對外境中的人事物時，一切的發生都會牽動內在世界的運作，內在網絡關係中的每一個面向無時無刻不在連結，心識作用時時刻刻都在進行。雖然每個人的內在世界有著同樣的架構，但是在各自的網絡關係中，因為每一個面向所占的比例和比重不相同，因此，每個人心識作用的運作軌道不同，產生的反應不同，念頭、情緒、態度不同，處理的方式也就不同。

在十二個面向中，有人自我意識特別強烈；有人經歷過痛苦的成長環境；有人心路歷程艱辛坎坷；有人有人格失調問題；有人業力習氣深重；有人缺乏包容寬容的同情心和同理心；有人只圖一己之私；有人優越感重，自視甚高、自以為是；有人自卑心重，缺乏自信；有人缺乏安全感，總是擔心自己被傷害；有人一遇到挫折即退縮，想法總是悲觀負面；眾生形形色色，不一而足。當然，也有很多人是以成熟、寬容、忍讓、平和、仁厚、智慧、圓融的心境和態度來處理外境的發生。不同的人有不同的心識作用，而不同的心識作用，就會讓我們看到的世界不一樣，產生的心態、念頭、情緒、反應、態度也就不一樣了。

每個人顯現於外的言語、行為、情緒和態度，都是內在世界心識作用的結果。而所有的心識作用，並不會因為顯現於外後就消失，而是會帶著在外境中所造成的種種反應和效應，由外境再進入內在，再回到各個面向之中，與原有的成分相互結合，接著，就會駐足於內在之中。負面的心識作用會成為揮之不去的煩惱和痛苦，盤旋於記憶、潛意識、起心動念與靈性意識中，而且會不斷的強化習性、習氣與人格特質，繼續在內在世界中發酵，不斷發揮負面作用。若不能轉化內在，不能消融負面情緒，或是不能轉變負面念頭，這些煩惱和痛苦就會一直深植於內心，伴隨一生。

心識與外境，誰在主導情緒？

在沒有認識到我們有能力轉化內在之前，我們的念頭、思維、情緒和心境幾乎都是隨著外境而轉，不自覺的受到外境的影響和支配。然而，事實是，我們的心境是可以經由內在的轉化而超越外境的掌控。

《華嚴經》裡有一句偈語：「心如工畫師，能畫諸世間，五蘊悉從生，無法而不造。」意思是說，外在世界是由我們內心勾畫出來的，是我們的心在意會、解讀、認知外在的世界。面對違逆我們意願的外境時，如果心識作用所生起的念頭是平和的，眼中的外境就不會那麼輕易地觸犯和激怒我們，也就不會有負面情緒的產生。反之，同樣的外境，如果我們內在平和的力量不夠強大，心境就會立刻受到干擾，所生起的念頭是「我不能接受」也「不願忍受」，那麼，就一定會產生委屈、挫折、憤怒、沮喪、抑鬱等的負面情緒。

日常生活離不開外境，外境中一切的人事物、一切的發生、一切的遭遇，都經由我們的六個感官——眼、耳、鼻、舌、身、意，攝入內心，連結內在的網絡關係，啟動識別作用，產生不同的認知覺受。不論是愉悅快樂或是煩惱痛苦，不論是正面或是負面，我們都會認為「我的」認知覺受是存在的、是真實的、是正確的。其實，我們的認知覺受經常只是附著在外境的表相上，由於內在立即與之相應，因而啟動了心識作用。然而，在表相上所產生的認知覺受，可能就僅僅是表面的、膚淺的，甚至是錯誤的。而我們的情緒，尤其是負面情緒，已經隨著表相上的認知覺受在念頭中生起。但是，很多情境的實相與表相可能非常不一樣，在沒有了解實相之前，或是我們的智慧有所不及之處，會誤以為表相就是實相，先不論對錯，與之相應的負面情緒已經牢牢抓住內心不放了。

我們的心識作用與受到外境影響的程度，也是此消彼長的強弱關係。若是以外境為主導，心念情緒就會受其牽制。當內在超越外境的制約，也就是當內在有主導能力時，外境就無法再影響或干擾內心的平靜，我們與外境之間二元對立的衝突就會逐漸淡化，最後消弭於無形。

如果我們能夠持續不斷的做轉化內在的功課，經過一段時間的練習後，內在轉化的力量能夠讓我們的心超越外境中人事物的干擾，會逐漸發展出我們原以為不可能具有的能力，例如「轉念」與」「消融」。如果能夠對外境中的人事物有更多的認識和更深的了解，如果能有多一分的忍讓、忍耐和忍辱的能力，多一分同情心、同理心、包容心、寬恕心，再度面對同樣的情境時，我們的看法、想法和念頭都會改觀，情緒、言語、行為和態度也會隨之變得柔和，我們的心所畫出來的世界和以前所畫的世界也不一樣了。若能持續做轉化內在的功課，就能對內在的心識作用保持充分的覺知，內在就能重新塑造外在的世界，畫出另一幅美麗的風景圖畫。

要為自己的負面情緒負責

心識作用所產生的負面念頭和負面情緒，都會造成煩惱和痛苦。負面情緒、負面人格和負面能量又與煩惱痛苦互為因果。人生可能會有所短缺，但是煩惱和痛苦卻從來不會缺席。

我們常有的負面情緒包括：憂愁、焦慮、憤怒、挫折、委屈、自卑、嫉妒、壓抑、缺乏安全感、恐懼、自責、悲傷、抑鬱等。所謂「負面」絕無貶抑之意，而是相對於正向、正面、正能量的詞彙，用以描繪令人不快的情緒和心念。有些人可能不願接受「負面」一詞，認為感受不好或是不悅情緒都是正常的，「這些就是我的感覺，理所當然，所以不能說是負面的。」這個說法表面上聽起來好像沒錯，負面情緒的確是在面對不是我們所期待的外境時，自然產生的反應。

然而，事實是，負面情緒並不是自然產生的反應，而是我們內在培養出來的一種慣性反應，是來自內在負面心識作用日積月累的結果。負面情緒會導致內在負面能量的累積，是煩惱痛苦的主因，也是業力因果與輪迴的來源。不但對我們身、心、靈的健康造成制約，並且會在內在世界中形成一個巨大、一連串、負面的連鎖效應。

人們對煩惱痛苦的記憶遠比快樂的記憶多，而且感受更深刻。舉最簡單的例子來說，身處順境時會讓人感覺世界是美好的，明天是光明無礙的，心情也是愉悅的。但是這樣美好快樂的感受，經常是短暫一時的，很快就會被其他負面情緒取代。這也就是為什麼有人在順境時仍然覺得不滿足，仍然覺得不盡如人意。也有人在達成目標時、在眾人眼中屬於人生勝利組時，反而覺得空虛迷惘。更不用說當我們身處逆境時會感覺世界是不公平的、前途是窒礙難行的，心情也是黯淡低落的。在感受焦慮、痛苦、憤怒、悲傷、恐懼等的負面情緒時，快樂的記憶總是被掩蓋，更不會出來撫慰或驅離負面情緒。

林雲大師的「氣的理論」認為，一個人的氣，若長時間高度集中在思考狀態下，如數學家或哲學家等，或是負面思維在腦中盤桓揮之不去，越想越多、越想越鑽牛角尖時，「氣」就會越來越集中在大腦，最後造成「氣」在腦中堵塞的現象。然而，人類大腦的負荷是有限的。當「氣」在腦中滯塞不通時，就會造成大腦功能失調及身心失衡，引發心理或精神疾病，如憂鬱症、焦慮症、恐慌症、躁鬱症、精神分裂等。林雲大師認為，人之所以致病，可能起因於生物面的生理遺傳或心理遺傳、後天感染、業力、環境汙染，飲食安全、生活方式，也有可能是因為「氣」在身體某個部位堵塞不通所致。因此，不論認為自己負面情緒的理由多麼正當，或是將自己的負面情緒合理化，都無濟於事，只要心識念頭中的負面情緒累積過多而沒有得到釋放，就會損害身心靈的健康。

當我們因為外境的壓力而感受挫折沮喪，或是承受不住外境造成的煩惱痛苦，外境幾乎是完全棄我們的負面情緒而不顧，既不會施予同情，也不會減少它所帶來的干擾。唯有當我們用自己的力量，將心念由負面轉化為正面，將內在的脆弱轉化為堅強，當我們能夠心懷寬容時，能夠放下自我的執念時，才能出離負面的情緒，才能擺脫負面情緒的糾纏與傷害。那時，面對同樣的外境，會有截然不同的思維、念頭和處理問題的方式，與外境的衝突矛盾會逐漸淡化緩和，內心也就不再那麼困擾糾結或是憂心痛苦了。

將「我」從負面情緒中抽離

每個人或多或少都有負面情緒，也多少承受著負面情緒帶來的壓力、煩惱和痛苦。但是多數人並不知道自己具有擺脫負面情緒和清理負面能量的能力，而是認為只有改變外境中的人事物才能消除負面情緒。但是，讓他人改變言行，或是冀望外境的發生和遭遇都符合我們的期待，這樣的願望與現實往往是背道而馳的。因此，一直以來我們都誤以為負面情緒生起時，應該努力去改變外境，卻不曾想過需要改變的對象應該是自己的內在，因為負面情緒是在自己的內在中產生的。若是只是把希望寄託在外境中人事物的改變上，不僅成效很低，期待也會一次又一次落空。事實上，我們轉化內在的能力遠遠大於改變外境的能力，效果也會更快、更好、更澈底。

根除負面情緒最好的方法，就是依靠自身的努力，努力轉化內在的每一個面向，並且提升靈性意識，而不是試圖改變外境。要知道，真正的快樂和幸福，是在自己內心中產生的。若是不了解自己對內在的快樂、平和與寧靜具有主導性，就會輕易地認為，是因為外境中不順心的人事物、一切的發生和一切的遭遇造成了我們煩惱和痛苦。如果一心想讓外境中一切的發生都符合我們的期望，滿足我們的心意，當努力落空時，無疑是雪上加霜，又造成更多的煩惱和痛苦。

當逆境或衝突發生時，如果只想到逃避而不去面對現實，或是拒絕接受現實，認為自己無力處理現實中的問題，都會產生負面情緒。若是對內在轉化缺乏認識與努力，最終就會一直陷落在負面情緒所帶來的煩惱、抑鬱、恐懼、憤怒和痛苦之中。讓我們痛苦煩惱的經常不是來自外境中事件的本身，而是來自我們所抱持的想法與心境，來自我們感官意識與外境的結合，來自自我意識的執取，以及來自負面內在心識作用的結果。尤其是有悲觀傾向的人，特別注意負面細節，總是鑽牛角尖往壞處想，越陷越深。然而，外境中的逆境絕非世界末日，最終壓垮自己的其實是內心的煩惱、焦慮、恐懼和痛苦。

當衝突與對立發生而產生負面情緒時，不論是由自己內在生起的，或是因為外境所引起的，不論我們是自責或是怪罪於外境人事物時，其實在潛意識中也就等於認同了「我」是負面情緒的帶原者，覺察到是「我」正在承受煩惱和痛苦。

內在轉化的功課，就是要先將「我」和負面情緒分開，將「我」從負面情緒中抽離，專注回歸內心，與自己的內在連結，平靜客觀的觀照和檢視內在的各個面向，追溯負面情緒的源頭，以及追溯起心動念的根源。持之以恆的練習，就是一次又一次的將「我」從負面情緒中抽離。而每一次的觀照、檢視、溯源，就是一次負面情緒的淨化。內在轉化功課所產生的能量會不斷累積，持久練習就會自然而然看見讓自己也驚奇的成效，這才是根除負面情緒最好的方法。

內在轉化與消融負面情緒的功課

內在轉化的功課並不難，唯一的要求就是需要耐心和不斷地練習。轉化的功課是在內在架構裡的每一個面向中分別進行。先選擇一個在不愉快事件中產生的負面情緒做為切入口，深刻觀照檢視，層層深入剖析，追溯這個負面情緒的源頭是什麼？真正的起心動念又是什麼？方法步驟如下：

一、面對衝突，不要立即做出情緒反應

面對衝突或逆境時，要立刻提醒自己，一切問題先迎於方寸之間，不要立刻做出情緒反應，給自己多一點時間思考，了解衝突事件背後的原因，思考最好的態度來因應和處理。立即的反應通常是不良的慣性反應，而所有不良的慣性反應需要經過檢視才能打破，並且切斷它在內在網絡關係中的連鎖效應。不立即反應也是培養忍耐和忍辱能力的必要條件之一。

二、覺察負面情緒

若是某個負面情緒已經生起，就要去確實覺察它、真實面對它、清楚認識它、誠實接受它。不要否認、不要拒絕、不要壓抑、不要移轉、不要替代、不要宣洩、更不要諉過。不論好壞，先承認並接受這個負面情緒的存在。

三、追溯負面情緒的源頭

在做深層的自我檢視時，不帶任何好惡、責備、批評、判斷，平靜如實一層一層的觀照這個負面情緒，抽絲剝繭般的找出它在內在世界中的根源是什麼？是否與內在網絡關係中的一個面向或多個面向有關？真正的起心動念是什麼？檢視並不是檢討認錯，而是如實的看到真實的自己。如果在檢視的過程中看見自己的不是，就要勇於接受，看見自己的過患，也要坦然面對。

負面情緒生起的根源，可能會落在某一個面向：是否因為我的認知有偏差？是否來自我的習性中不良的慣性反應？是否因為觸犯了我過度膨脹的自我意識？對自己的關注是否多於他人？是否過度注重自己的感受？是否因為我人格特質中的優越感和傲慢不容挑戰？是否因為我過去不愉快的經驗和記憶的提醒？是否因為我容易動怒的習氣使然？是否因為我在成長經驗中造成的缺乏安全感所致？是否因為自卑感而啟動潛在的防衛機制？是否因為我沒有換位思考？是否欠缺同理心、同情心？或是缺乏耐心、寬容心？如此一層一層的檢視觀照，一直觀照到負面情緒的源頭，以及真正起心動念的根源處。

四、在負面情緒的根源處做清理工作

事實上，整個檢視觀照溯源的過程，自然而然就是一個淨化負面情緒與負面能量的過程。根源處往往就是釋懷處。洞悉負面情緒的根源後，就要將它像鏟除雜草一樣連根拔除，重新建立一個新的、平和的反應模式。

五、建立新的反應模式

仔細認真的去思考，以後再面對同樣情境時，要用什麼態度應對最適當、最正向、而且最能人我兼顧，包括情緒反應、適當的語言、平常心、平和的態度，以及能力所及的應對模式。可以將不同的場景和應對模式寫下來模擬練習，幫助自己釐清思緒，再將這個新的反應模式妥善安置於覺知中，以便時時提醒自己做好準備。當再遇到同樣的情境時，就可以用新的模式來應對。這也是破除與生俱來的不良習氣和不良習性的方法。

六、「放下」

這是寬恕和釋懷的步驟。任何衝突、矛盾、二元對立的事件，以及因之而起的負面情緒，都要將它們視為鏡中的影像，過則不留。猶如我們立於鏡前，可以看到自己在鏡中的影像，但是離開鏡子後，影像就不會停留在鏡中。「放下」是根除負面情緒的最後步驟，想要澈底清除，就必須全然地釋放、寬恕和放下。

七、修持靈性意識

修持靈性意識是修行的主要功課，也是內在轉化功課中重要的環節。做為內在世界十二個面向中心的靈性意識，它影響每一個面向，而每一個面向的一切作為也會回流匯集到它。修持靈性意識才能淨化累世的業力，才能生起超越概念心的智慧，以及擁有真正廣大的慈悲心。有了修行的加持，會提升每個面向的正面特質，加速內在轉化功課的進步，而內在的轉化成果也會反饋到修行的成就裡。有關修行與修持靈性意識的部分，將於第六章〈修行的道路〉中詳述。

收穫內在轉化的果實

內在轉化的功課，首先要做深層的自我觀照和自我檢視，接著就是在觀照和檢視後培養出正確的覺知，並且建立新的正向反應模式。持之以恆的練習，就能收穫內在轉化的果實，這些果實包括：

一、發展出覺察情緒的能力，捕捉到負面的念頭，迅速了解起心動念的來源。

二、迅速調整情緒，並且迅速思考表達適當情緒的方式。

三、破除慣性模式，並在念頭、言語、行為、態度上建立起新的模式。

四、清理負面情緒與負面能量。

五、發展出對情境感受的控制力，增加接受逆境的力量。

六、發展出將逆境轉變為提升自我價值的動力。

七、洞悉自己最真實的各種狀況。

八、在負面情緒生起的當下，捕捉消融，並且發展出轉念的能力。

九、培養內在持久穩定的平和與力量。

我們的心有看見自己的能力，也有檢視和觀照自己的能力。心靈的自由度就取決於負面情緒和負面能量的清理和淨化。因此，每一次的練習，都會讓自己逐漸洞察內在的每一個面向，認清自己內在世界的網絡關係，發現內在網絡關係中各個面向之間的慣性連結路線和慣性反應，追溯到某個事件下負面情緒的源頭，以及負面情緒背後真正的起心動念。觀照和檢視的過程，就是我們洞悉自己內在最真實狀況的過程。難怪當代印度大哲與心靈導師克里希納穆提（J. Krishnamurti）曾說：「唯有洞察自我與內在，才有真正的自由與智慧。」❶。

我們的心靈，經過內在轉化的洗禮，再加上修行功夫的鍊金，不但大幅度減少負面情緒的產生，降低隨之而來的煩惱痛苦，也會幫助我們培養轉念的能力，在負面情緒升起的當下，能夠立即捕捉，當下消融。長此以往，就能夠培養內在強大平和的力量，以積極正向的能量與態度，坦然面對與外境發生的衝突，增強接受逆境的勇氣，並且能夠集中智慧專注於對外境問題的處理。如果內在負面情緒與負面能量越來越少，心靈的自由度自然就會越來越大。

內在轉化的目的，是要我們的內在擁有持久穩定的平和與寧靜，平和的內在會產生強大的力量，讓我們勇於面對外境的衝突，接受任何逆境，且免於被負面情緒干擾。轉化後的內在，讓我們的心超越外境的干擾，內在的空間才會自由寬廣。所以，內在的強大才是真正的強大，內在的自由才是真正的自由。

---

❶《活著這件事第三部》克里希那穆提（J. Krishnamurti, 1895-1986）著，張德利譯，台北親哲文化出版社。

第二章
覺察自我意識的主導與掌控

在內在世界的十二個面向中，自我意識是主導性和操控性極強的一個，不但涉入其他面向，也企圖主導內在的心識作用，掌控我們的念頭和情緒。我們太習以為常它的介入，不但沒有覺察它的主導與掌控，而且總是讓它出來面對外在的世界。於是，強大的自我意識往往成為負面情緒與負面言行的根源之一。因此，降低自我意識對心念的控制，是內在轉化與修行的重要功課之一，而降低、削弱甚至終結自我意識，更是成為內在轉化與修行的主要目標。

認清「我」和「自我意識」的不同

在處理自我意識時，要先認清「我」和「自我意識」有所不同。「我」是整體的「我」，是一個身、心、靈的組合，是一個生命有機體，也是一個對外境會產生種種反應的有機意識體。而「自我意識」是包括在整體的「我」之中，是在「我」的深層意識中的一部分，屬於精神層面內在世界中的一個面向。但是「自我意識」的野心很大，總是試圖掌控整體的「我」，影響「我」的所受、所想、所言、所行。在內在網絡關係網中，它也會伸展到其他各個面向之中，以顯示其重要性、主導性和掌控性。

若是我們以為「我」就是等於「自我意識」，那是一個錯誤的認識，我們必須將「我」和「自我意識」區分開。雖然「自我意識」是依附在整體的「我」之中，但並不等同於「我」。內在轉化的功課之一，就是要區隔「我」和「自我意識」，認清「自我意識」的真面目，並且降低「自我意識」在內在心識所起的負面作用以及所帶來的負面影響。因此，在「我」之中的「自我意識」，是可以經由內在轉化的練習與修行的努力逐漸被弱化，其影響也會被淡化。

我並不贊同一些與「我」有關的的名詞區分，如「小我」「妄我」「實我」「大我」「真我」「靈我」等等，因為這些所有不同名稱的「我」，並非截然的劃分區隔，而是同時間相互交疊混合並存的，都有「自我意識」摻雜於其中，也都是屬於「我」的一部分，只是在整體的「我」之中各自所占的比例與比重不同而已。過多的劃分與不同的名稱，不但忽略了「我」的整體性，也忽略了「自我意識」的作用與影響，只會徒增概念上的混淆。

都是強大的自我意識作祟

我們內在深層的自我意識，以「自我」為定點中心，是我們主觀想法和念頭思維的根本來源。譬如，自我認同、自我定位、自我價值、自我形象、自尊心、自卑心、自信心、傲慢心，乃至思想、認知、感受、意願、習性、人格特質等等，都深受自我意識作用的影響。換句話說，對外境的一切認知覺受，都以「我」為出發點和首要考量。只要是和「我的」有關，諸如我的想法和我的感受等，都與自我意識緊密連結，並且受到自我意識的慫恿和驅使。

自我意識清楚地區別了「我」「我的」「非我」「非我的」，也在「我」和「外境」之間製造了種種攀緣、期望、執念、以及隨之而來的情緒作用，如欲求、憤怒、痛苦、快樂、憂鬱或悲傷等的感知覺受。事實上，我們從呱呱墜地開始，就已經不自覺的活在自我意識的掌控之中。

自我意識有正面的、平衡的，也有負面的、膨脹的。當負面膨脹的自我意識趨於強烈時，就會完全以自我的感受、想法、利益為中心，不顧他人，甚至也可以不計一切後果，只求滿足自己。內心如果被強大的自我意識占據，往往充斥著「我的」成見與偏見，裝不下不同的聲音，也不願意接納不同的意見。強烈的自我意識與執著是畫等號的，自我意識讓人們執著於自我的好惡、需求與對期待的滿足。當外境違背我們的期望與意願時，或是我們拒絕接受外境時，就會深陷煩惱、焦慮、恐懼、憤怒、痛苦的負面情緒中，難以釋懷。長久、持續或強迫性的負面思維與情緒，便是造成精神疾病的主要原因之一。

如果我們認為負面情緒都是來自外境的人事物和一切令人不快的發生，便是進入了一個很大的誤區。因為外在的人事物是一種「我」之外的客觀存在，而負面情緒則是在「我」之內生起的產物。所有對外境產生的不悅與拒絕接受，都來自我們的內心，因為受到自我意識的支使，造成了「我」和「非我」的「二元對立」。自我意識才是造成衝突真正的主因，而外在的人事物不過是引發我們內在負面情緒的誘因。

我們必須認清一個事實，自我意識並無法掌控外境的發生，也無法管控他人的想法、言語、行為和態度。它只掌控我們自己的思維、念頭和情緒，因而制約了我們的言行。要對治負面情緒，就要先對治強大的自我意識，降低它的作用，削弱它的影響，才有機會掙脫它的掌控。

當握有政治權力的人揮霍他強烈膨脹的自我意識時，影響所及更大，引起的災難與禍害無法言喻，甚至可能造成人類巨大的苦難。印度大哲克里希納穆提曾說：「人類的衝突起源於人類以自我為中心的自私，引致貪婪、嫉妒、野心、征服、占有的私欲，其災害就是造成世界的混亂、戰爭、不幸與苦難。」智者的真知灼見有古今中外的歷史驗證，人禍的起因不就是深藏在權力者自我意識中的野心嗎？

負面的自我意識對我們的影響略舉數例如下：

- 昧於事理。
- 堅持錯誤的知見、想法和看法。
- 產生優越感、傲慢心、自私心和利己心。
- 想要滿足內心一切的貪欲。
- 對外境的人事物產生強烈的好惡與執取。
- 產生希望外境滿足自己內心的期待。
- 自以為是的擇不善而固執。
- 拒絕幫助自己進步成長的建議。

強烈的自我意識是以「我」為絕對的中心，以「我的覺受」來決定對錯，以「我的好惡」為取捨標準。當自我意識未能如願時，接踵而來的就是負面情緒。

好在我們對「自我意識」並不是那麼無能為力。因為負面的自我意識可以被改變，它的作用及影響力可以被削弱，它的存在也可以是短暫的。值得喝采的是，它甚至是可以完全被終結的。只要透過內在的轉化和修行，就可以逐漸降低負面自我意識的掌控，鼓舞正面自我意識的提升。當負面的自我意識減少、降低甚至終結時，不但會平息它所帶來的煩惱和痛苦，取而代之的會是精神上的自在、平和、寧靜、自由與快樂。

激發正面自我意識的戰鬥力

自我意識也有正向作用。當一個人立志上進、自律自強、意志堅定、發奮圖強、積極奮鬥、刻苦努力、力爭上游、悔過自新、痛改前非等等，都是出自正面自我意識的激勵。當遇到危險災難時，尤其掙扎在生死存亡關頭之際，自我意識會激發出強烈的求生意志，產生驚人的力量，試圖拯救自己的生命。正面的自我意識，也會啟發人們追求積極、正向、樂觀、平靜、和滿足的人生。

自我意識主導著念頭，而強烈的念頭會產生巨大的力量，正面如此，負面亦然。因此，在內在轉化的功課中，其中很重要的一項，就是如何將負面的自我意識導向正面。功課並不難，只要給自己一點安靜的時間去觀照某個衝突事件，清楚、客觀、如實地覺察自我意識的存在，以及自我意識在衝突中所扮演的角色，去辨識、捕捉，認清它所起的作用，以及所帶來的效應。我們要有一個信念，負面的自我意識並不是那麼堅不可破，它是可以被改變的。

內在世界中負面的自我意識，就像是一條束縛心靈自由的繩索，讓我們的心識作用固定化、模式化、慣性化，使得我們的心靈動彈不得。它也像是一座牢固的高牆，不但遮蔽了我們視野，看不到牆外更美好的世界，也讓我們的心識窒礙難行。想要解開綑綁的繩索，或是推倒這座高牆，並不困難。這就是為什麼我們需要做內在轉化的功課，以及修持靈性意識的原因。

負面的自我意識是負面情緒的主要根源

事件的本身不一定會擊潰人，但是強烈的負面情緒卻可以使人澈底崩潰，甚至造成精神疾病。負面情緒的根源往往來自強大的負面自我意識，而負面的自我意識往往也深入潛意識之中。很多人格特質的表現就是潛意識的浮現，反映了自己的不足，因為自我意識對自我的欠缺是有要求和期許的。譬如一個人表現出自卑、自私、脆弱、怯懦、恐懼、掙扎、自戀、自大和缺乏安全感等等，皆是受到內在負面自我意識的驅使。因為負面自我意識強勢的佔據了演出的舞台，我們內在原本具有的生命美好特質，就沒有出場登台的機會了。

負面自我意識也展現出很多特性，譬如：對人評價指責、對事批評抱怨、操控欲強、執念重、待人處事缺乏彈性、情緒起伏大、渴望得到別人的稱讚與肯定、優越感強、缺乏共事能力、經常感到恐懼或是焦慮、杞人憂天、凡事以自己利益為出發點、喜歡比較和計較、過於敏感、容易感到被觸犯、為小事或尚未發生的事担憂不已、容易對他人起嗔恨心、無法專注於當下、時常覺得沮喪無助、希望世界隨他而轉等等。這些負能量的表現，反映了內在負面的網絡連結，而在內在的十二個面向中，都可能找得到負面自我意識的足跡。

在我對自己的觀照檢視中，以及在一些個案輔導的經驗裡，累積了許多觀察。舉一些負面自我意識表現的例子，譬如：凡事只考慮自己的好惡與利益的人，善於保護自己、遇事推託，在個性上就會傾向於膽怯自私、心懷恐懼。以自我為中心的人，會極力維護自己的感知覺受，對待他人則缺乏包容心、寬容心、同理心和同情心。自尊心低的人，內心深處自卑、羞怯、對自己沒有信心，常會以潛意識中強烈的自我防衛機制來掩飾。有自戀型人格特質的人，會過度誇大自我的重要性，過度渴求別人的讚賞，以攻擊性來滿足自己的需求。在親子關係冷淡的家庭中成長的孩子，自我也自憐，在人際關係中表現冷漠。被寵壞的孩子則易於傾向以自我為中心，為所欲為。缺乏安全感的人，不斷的需要別人的認可與肯定。優越感重的人傲視於人，不願看到別人超過自己。固執的人傾向於主觀偏執，缺凡彈性，不願意接受他人的看法和意見，也不願意接受改變。自視過高但又信心不足的人，特別在意別人對他的看法，甚至過度敏感，有一顆極其脆弱的玻璃心。喜歡批評別人的人，其實是因為不能夠接納自己，總想要表現出自己的重要性。自我定位錯誤的人，會以為自己優於別人，卻往往在殘酷的現實中受到挫折，不願接受現實也無法處理現實。有自慚心態的人，習慣戴著偽裝的面具，掩飾自我所欠缺的特質。自以為是的人，對外境的一切，主觀的懷疑否定多於對事實的客觀判斷。

從以上一些案例可以看到，表面上似乎只是心態偏差，或者只是人格特質的表現，其實是受到潛藏的自我意識強烈的操控影響所致。因為負面的自我意識引導錯誤的自我價值、自我定位、自我認同、過度自尊心和盲目的自信心。偏執的自我意識不但導致內在失衡，造成自己與外境的對立衝突，也會在人生歷程中造成各種失誤、沮喪與挫折。

負面的自我意識還有另外一個特性，就是會錯誤的認為自己永遠是對的，永遠比別人優秀，絕對不能承認或接受自己有錯，極力為自己負面的言語、行為、態度辯解，而不願為自己負面的身、語、意負責。深信一切的錯誤或是不順，都是因為外境的人事物造成，因而不斷抱怨責怪外境的一切發生。永遠只想到如何防衛自我，確保自己的心理不會受到傷害，卻從不考慮對別人造成的傷害。

強烈的自我意識往往也表現於極端的自以為是，例如：執著於自己慣性的思維模式；以自我為中心軸，一切以自身的利益或感受為首要考量；只用自己的偏見和成見來看世界，很難接受新的觀念和他人意見；不願意改變，也害怕改變。因為自我意識也擅於保護自己，在潛意識裡覺得唯有處於既存的自我意識架構中，才能給予足夠的保護機制和安全感。但也因此侷限了生命轉化和提昇的潛在能力，並且阻斷了生命進化的機會。

負面的自我意識是可以轉化改變的。先要學習認識「我」和「自我意識」的區分，然後學習如何客觀如實地正視、觀照、覺察自我意識；再學習如何在它升起的剎那去捕捉、放下、摒棄它。屆時，正向的自我認同和自我價值就都能重獲設定。擺脫負面自我意識的掌控後，「我」會成長為更好的「我」，所看到和感受到的外境，會是一個溫暖、愉悅、和諧的嶄新世界。

自我意識擅於製造二元對立

自我意識並非單獨存在，也不是獨立作用，它是內在網絡中的一環。在內在的網絡關係裡，自我意識涉入每一個面向，諸如過去世的業力、習氣習性、人格特質，以及累積的苦樂覺受、各種情緒、經驗記憶、潛意識、言語行為的起心動念、氣的狀態，無一不閃爍著自我意識的陰影。再加上我們從小必須遵守來自外在環境中各種社會制度的制約，如家庭、學校、職場、團體、社會、國家等，所有的制約也形成了我們價值觀的一部分。在生命成長的歷程中，我們會不自覺的將這些制約納入自我意識之中，形成一個牢固的自我意識框架。當年齡逐年增長時，自我意識的框架就更形龐大和牢固，我們也會加倍的被局限於這個框架中，即使想去覺察自我意識的存在和作用，也會被自我意識拒於門外。

負面自我意識強烈的人，通常只重視自己的感受、需要、期待和欲望，忽略了看待外境中人事物所應有的客觀知性和理性，也漠視了對他人應有的同情心和同理心。因此，就會在念頭、想法、看法和態度上，造成種種主觀的執取，這便是「我執」產生的原因。

我們經常會將外境片面的表相，主觀的斷定就是全面的實相，其實我們看到、聽到、認知到的，可能很多是自我意識提供的資訊，或是自我意識造成的成見與偏見。而成見和偏見的形成，往往就是在缺乏客觀事實、知識和常識邏輯的情況下，只以主觀的自我意識引導著自以為是的概念心和判斷心驟下結論的結果。多數主觀的人，都不會承認自己有偏見或是有成見，只是堅持自己的想法與看法才是正確的，這便是一種「我執」的表現。「我執」在人際關係中很容易造成「我是人非」的二元對立。遇到衝突時，總是指責別人，從不檢視自我，我執越重，衝突也就越頻繁。

自我意識最善於製造我們內心與外在環境之間的矛盾與衝突，並製造出各種二元對立。這是因為自我意識需要一條界線來區分內在與外境，透過這條界線的區分，自我意識才能不斷地肯定自身的存在。所以，當我們與外境的人事物發生衝突與矛盾時，在抱怨指責他人時，其實就是自我意識和它的防衛機制在發揮作用。自我意識對外境所緣對象的好惡取捨，久而久之就會形成一個刻板的慣性模式，發展成一種堅固的執著。前面說過，若是具有擇善而固執的智慧，所執著的可能是正面的；反之，若只是擇不善而固執，就會帶來人際關係上不可避免的錯誤、衝突、憤怒、煩惱和痛苦。

更糟的是，自我意識也塑造了我們內心對外境的投射。在生活經驗中，自我意識會不斷受到強化，對外境投射的影像也會越來越固定，逐漸形成一個快速、慣性反射的認知與判斷。自我意識在內在掌控的面向越多、時間越長，就會使得整體的「我」在外境中逐漸迷失，越走越徬徨、越走越迷惘、越走越失落。若是發現自己有這樣的狀況，想要改變自我意識固定的投射影像，減少與外境的衝突對立，就必須做內在轉化與修行的功課，認清自我意識的面目，降低自我意識的作用，削弱自我意識的掌控。

最大的敵人不是「我」，而是「自我意識」

常聽到一句流行語：「最大的敵人是自己。」我認為這句話的表達不夠清楚也不夠完整，容易造成不同的解讀或臆想。這句話所指的「敵人」和「自己」，並不是整體的「我」，而是掌控「我」的「自我意識」。是「自我意識」將我們的感知、覺受、情緒、念頭、期待、欲望、利益都放在最重要的地位，一旦外境中的人事物不合我意時，自我意識就會立刻跳出來抗議，結果就是讓我們感到煩惱、沮喪、壓力、焦慮、恐懼、痛苦和煎熬。所以，這句話應該這麼說：「最大的敵人就是我們內在的自我意識。」在我們與負面的自我意識化敵為友前，必須先認清它是敵不是友。若不了解「我」與「自我意識」的區別，在模糊不清的狀況下，可能就會認敵為友了！

有學生問我，我們不可能對外境「麻木不仁」啊！是的，我們都是佛家所說的「有情眾生」，所謂「有情」，就是有感官意識、感知覺受和認知判斷。而想要減少自我意識的刻意保護，降低負面情緒，並不是要學習麻木不仁，而是要學習如何弱化自我意識的作用，減少一分負面情緒，就多增加一分平和寧靜，我們要修行的是「心不隨境轉」和「心無所住」，如此才會擁有內在真正的平和與寧靜。「平和寧靜」與「麻木不仁」完全不一樣，因為「麻木不仁」是連「平和寧靜」也無法感受到的。

因此，做內在轉化與修行的練習功課之一，就是學習降低自我意識、超越自我意識、終結自我意識。當「自我」的感知覺受不再是第一位時，當我們不再執著「我的」喜、怒、好、惡、「我的」想法、「我的」意見、「我的」感受時，就是能夠清楚區分「我」和「自我意識」的不同，也就容易出離所謂的「我執」。等到我們能夠擺脫「自我意識」對「我」的掌控時，也就所向無敵了。

要克服自我意識的糾纏掌控，就必須深入內在，求諸本心、認識本心，檢視自我意識在某個負面情緒中所扮演的角色與所起的作用，認清自我意識真正的面目，再經由建立新的心識作用模式去轉化內在，才能真正解構自我意識。最後，回歸本心安頓，將自我意識降至最低，脫離自我意識的束縛，才能找到內心潛藏本自具有的平和安定的能力。

「我是誰」不是一個好問題

自我探詢的方法，源自近代印度教中最著名的靈性導師拉瑪納．馬哈希尊者（Sri Ramana Maharshi）❶的教導，他被譽為證道的聖者，以不斷問自己「我是誰」（Who am I）做為自我探詢（self-enquiry）的方法，讓修行者覺察「我」和「真我」的區別。拉瑪納尊者認為，經由「我是誰」「我在」「我是」或是「我從哪裡來」等自我探詢的方式，來覺察出這些問題中的「我」，都不是「真我」，只是一個擔負身心活動的肉身的「我」，是在淺層心識中的「我」。古代印度的修行者認為，「我」是有生滅的，「真我」才是永恆的。「真我」是一切的答案，是一切的究竟，是生命真正寧靜的所在。

拉瑪納尊者所說的「我」就是受「自我意識」掌控支配的「我」，而「真我」則是「梵我合一」的開悟境界，這是自古代印度開始，一直為印度各派哲學和印度教的修行者所追尋的終極目標。拉瑪納尊者所倡導的自我探詢「我是誰」的方法，是教導修行者在靜坐時，要能夠專注於覺察上，而覺察的目的就是要區分「我」和「真我」的不同。修行者要先認出虛幻的「我」，進而消解與「我」有關的業力和習氣。當「我」的思維不再升起時，虛幻的「我」就會消失，「真我」才會顯現。

這個「我是誰」自我探詢方法很容易被誤解，以為是「自我發現」（self-discovery）的一種方式，其實不然。美國心理治療師梅爾．許華茲（Mel Schwartz）❷就從心理學的角度來分析這個方法。他認為「我是誰」在心理學上是一個錯誤的問法。因為有的人可能會因此對自己產生懷疑，「自我認同」也因此更形脆弱與不確定。也有一些人的自我意識在面對詢問之下，會啟動強大的防衛機制，拒絕面對自我的覺察。梅爾．許華茲應用了量子物理的理論，認為生命是變動的，所以「我」也是會變動的，「我」是在不斷發展的，「我」並不是一張照片，不會永遠停留在一個固定不變的狀態。過去的「我」和現在的「我」不一樣，和未來的「我」也不會一樣。

我十分贊同梅爾．許華茲的論點。對於不擅靜坐的初學者，若不了解拉瑪納尊者這個自我探尋方法的細節與步驟，靜坐功夫也還不夠深入時，只是似懂非懂的依樣畫葫蘆，對所得到的答案可能會更感困惑，甚至被誤導。畢竟修行並非只是依靠單純的問「我是誰」就可以獲得救贖的。

生命的流動一旦沒有了變異的空間，生命的成長就會受到限縮，然而在修行的道路上，我們的生命是不斷進化的。我們所要追求的，應該是讓一個具有流動變異特質的「我」不斷去成長、充實、豐富。而這個更好的「我」，可能不是現在的「我」，但將會是未來的「我」。

整體的「我」是生命的賦予，我們的生命蘊含著無限美好的可能。我們有權利開展生命無限的潛力，也有能力給予生命更豐碩的意義。因此，要探究「我是誰」，應該是去了解生命內在的組成，深刻檢視內在的每一個面向，才會正確的認識真實的自己和真實的狀態，才能經由內在的轉化成為更好的「我」。

我們應該「做自己」和「愛自己」嗎？

我有些朋友常把「做自己」和「愛自己」掛在嘴邊。如果只是從字面上去理解，很容易落入一個陷阱，以為是將滿足自己的需求與喜好放在優先地位，而實際上卻反而讓自我意識任意操控，與外境的衝突也更劇烈，結果是適得其反。因為「愛自己」和「做自己」並非意含著「隨心所欲」，更不代表只照顧自己的利益。我認為，真正的「愛自己」和「做自己」是需要付出努力的，也就是要先降低自我意識，不以自我為中心，挪出內在空間給他人，平衡自己與他人的重要性，找到平衡點後，才會有能力「愛自己」和「做自己」。

因此，我認為「愛自己」和「做自己」有以下幾個前提：

一、要先對自己所處的客觀環境有成熟理性的認知，並且要能接受它，而不是逃避或棄之不顧。

二、要正確定位自己在人際關係中所扮演的角色，以及了解自己所應當承擔的責任。

三、要採用能讓自己成長進步的方式，考慮周圍人的感受，盡量做到「人我兼顧」。

四、讓自己不斷成長進步，讓今天的我優於昨天的我，「做自己」和「愛自己」才會具有更正面的意義與價值。

降低、削弱、終結自我意識的練習

我們對外界所有的認知與思辨，多半來自內在心念的識別，因為是主觀意識給予了客觀世界存在的意義。客觀世界中的一切現象，可以和我們的心有關連，也可以沒有關連。當我們的心不斷解讀外境時，就和它有關連；當心如止水不再受到外境發生的影響時，和外境的關連便減少。如何能夠做到不受外境的影響呢？就是要降低自我意識、弱化自我意識、脫離自我意識的掌控。降低和弱化自我意識，是內在轉化非常重要的功課。

那麼又如何才能終結自我意識呢？這是一個終極目標，當然不易達成。但是在練習的過程中，只要能夠降低自我意識一分，就看得到一分的成效，距離終結自我意識自然也近一點。一起來做下面的練習吧：

一、對外境保持開放的心。先放下既有的成見與偏見，放下一切的概念心和判斷心，接受客觀事實的存在，沒有拒絕也沒有接受。

二、當負面念頭或情緒生起時，給自己一個安靜的片刻，深入內在，客觀的觀照檢視這個負面情緒與負面念頭和自我意識的關連。層層剖析這個負面情緒與念頭的源頭，直到根源的起心動念處。多數時候，負面情緒的根源就是自我意識在興風作浪。

三、覺察到負面情緒與自我意識的關連後，要將「我」從自我意識中抽離，立即中止與自我意識的認同，切斷與自我意識的連結。

四、一次次的觀照檢視會讓我們清楚了解自我意識的作用，也一次次的增強對負面情緒與負面念頭的覺察力。當同樣或類似情境再度發生，當負面情緒與負面念頭生起的剎那，就能夠很快地捕捉到，切斷與自我意識的連結，當下消融負面情緒與負面念頭，讓自我意識當下瓦解。

五、只有讓思維超越自我意識架構的侷限，才能用新的視野和思維去感知世界。

六、靜坐修持和深刻的觀照檢視內在的自我意識，是解構自我意識及終結自我意識最有效的方法。

❶ 拉瑪納．馬哈希尊者（Bhagavan Sri Ramana Maharshi，1879-1950），印度近代聖者，世界知

名印度教上師與靈性導師，與聖雄甘地、奧羅頻多、拉馬克里斯納並列為近世印度四大聖者。

❷ 梅爾・許華茲（Mel Schwartz）美國心理治療師、臨床社會工作者、哲學碩士、婚姻諮商師、個人轉化領域的倡導者。

第三章
業力真的存在嗎？

我相信生命有輪迴，也相信業力的存在和因果的發生。更重要的是，我相信在某個程度上，業力是可以被改變的，因果也會跟著業力的改變而改變。業力是人生諸受皆苦的根源之一，是生死輪迴流轉的驅動力，也是我們內在世界十二個面向裡的其中一個面向，它的作用與影響自然不容忽視。

業力會影響命運嗎？

諾貝爾文學獎得主莫言在某篇散文中提到，他小時候生活在貧窮的農村裡，每天傍晚會看到一個瘦黑瘸腿的村夫，牽著一頭瘦小的驢子，驢子還拖著一台破舊的板車，板車邊上斜坐著一個瘦弱的男孩，走在驢子另一邊的是一個面容愁苦的村婦，也許他們剛忙完一天的活兒走在回家的路上。這樣的景象日復一日出現，等到他日後接觸佛法時，想起這幅記憶中的畫面，頓時明白什麼叫做「業力」。

人們對於業力難免有些疑惑：業力與因果是否關乎甚至支配我們一生的命運？是否可以用來解釋一些牽扯不斷、糾纏不清、錯綜複雜的人際關係？業力是否一定會引發所謂的報應？因果是否不能改變？業力是否會自動消散？所謂的定業是能轉還是不能轉？所謂的共業是否不可避免？人們出於對未知世界的好奇，這些疑惑成為有趣且值得探討的課題。

我們要為自己的負面情緒和言行負責，部分原因是和業力有關，為什麼呢？因為業力可以左右生命的輪迴和命運的起伏，而業力就儲藏在每一個眾生生命的本體內，它的來源便是起因於負面的心識作用。業力有善業有惡業，有不善不惡業（又名「無記業」），每個人都生而具有。在生命本體中的業力，有無數過去世的（儲藏的業力），也有現在世的（現行的業力），而所有業力的總和，在輪迴中又會再繼續帶到未來世。這一世業力的展現，會對生命產生一定的影響。生命的組合是身、心、靈和外境四者，這四者其實都是不同因緣的產物，有各自累世不同的因緣組合而成。因緣之所以相續，就是因為業力與其果報相續的結果。

「業力」的概念源自古代印度哲學，原意是指一個人的行為造作及其相應的後果。一個人一生的所作所為，不論是好是壞、是善是惡，在眾生的生命中都有一個機制恆久儲存，並在現在與未來的生命中產生相應的影響。良善的身語意行為❶稱為「善業」，錯誤的身語意行為稱為「惡業」。有了業力為「因」後，當其他所有與此「因」相關的「緣」（條件）成熟聚集時，相應的「果報」就會在某世、某時、某地、某個事件、某個場景中顯現。善因得善果，惡因得惡果，便是所謂的「因果法則」。換句話說，一個人必須為他累世所有的身語意行為負責，善者獲得報償，惡者也自食其果。

因此，在印度古代的哲學與宗教中，「業力律」和「因果法則」不僅是對個人的命運做出解釋，也被視為是一種個人的道德規範，並發展成為一種永恆的精神秩序及道德秩序的堅定信仰。古代印度哲學也樂觀的相信，透過現世的努力修行，可以抵銷宿存的業力和習氣。由此可以得知，業力與因果的說法，只是一個原則，並非讓人們對命運完全束手無策，而是可以積極鼓舞眾人步入修行之途，來淨化業力，來改變自己的命運。

在古代印度哲學中，業力與因果的關係被視為是一種宇宙法則，不但為古印度六派正統哲學所接受，也為獨立於印度哲學之外的佛教和耆那教❷所接受。千年來，儒釋道思想融匯的中華文化，也促使業力律與因果法則在民間起到教化人心的作用。

雖然業力會影響命運，但是相信業力的修行大成就者們提供了不少淨化業力的修行方法。漫長的修行道路其實就是淨化業力的一個過程。既然修行有淨化業力的作用，業力與果報之間就不會是絕對的關係，業力的引發也就不是必然的發生。業力的淨化會改變因果，也會改變命運。

業力在哪裡？

業力的點點滴滴全數儲藏在內在世界的「靈性意識」中，成為「業種」——業力的種子，也就是「業因」。業力的形成則是來自我們的起心動念、心識作用以及言語行為的一切造作。根據我們所有身語意的表現，業力分為三類：善業、惡業以及不善不惡的無記業。有「業因」，也就有與之相應的「業緣」。「業因」無時無刻在累積，等到某個時機在某個地點，外在環境中所有的「業緣」都具備成熟時，「業果」或「業報」才會發生。

業力果報的顯現不定時也不定點，因為要等到所有與「業因」相關的「業緣」都聚集時才會發生。而所有相關的「緣」並不具有同質性與同步性，它們聚集成熟的時空也無法推理或演算。因此「業報」就有快速發生的「現世報」，也有「不是不報，時候未到」姍姍來遲的業報，可能在下一世或更久以後才會發生。

除了累世的惡業，我們在這一世所有負面的起心動念、情緒、心識作用、言語、行為等的造作，會再製造新的惡業，再被儲藏起來。甚至在業力受報的同時，心中可能充滿憤怒怨恨，當下就立刻又產生新的惡業。惡業在我們的生活中會招致障礙、挫折、禍端、災難、痛苦、貧困、人際關係的仇恨、以及身心疾病等等的不幸。

反之，我們累世所積攢的善業會成為善果，帶來平順、機運、幸福、貴人、財富、成功、健康長壽等等的福報。這一世我們繼續濟貧扶弱、濟世助人、拔苦予樂等的一切善心善行，也都會又累積在靈性意識中。因此，在日常生活中，於一切時與一切處，都應心存善念，規範身語意的行為，扶助弱小，日行一善，乃至舉手之勞給人方便，都是隨時在累積善業。善業可以淨化部分惡業，累積福德資糧，改變命運。

每個人的命運都是善業與惡業交織、業報與福報並存的，否則就不會降生在六道輪迴[3]中的人道。但是人一生的命運並非全部好、永遠順暢，也並非全部壞、永遠衰敗，而是起起伏伏、好壞交織的。成功的人未必快樂，有財福的人未必健康，幸福的人未必富有，而作惡的人有可能富有、健康、幸運。一個人命運的好壞，固然要看累世累積的善業與惡業的比例與深淺，也要看很多不同因緣的組合，還要看所有相關緣份聚集的時空巧合，才能看出一些端倪。

業力儲藏的地方是一個無限量大的數據庫，那就是我們內在與生俱來的「靈性意識」。因為靈性意識是一個不生不滅的意識體，因此，業力的存在也是無始無終的。靈性意識不只是有儲藏的功能，也是一個龐大的資料處理器，其演算與運作機制極其精密複雜，可以將無數過去世的業力果報，再加上這一世的善業、惡業與無記業，形成一個龐大無比的數據庫而加以處理。

在靈性意識中，業力果報有不斷的累積與消長，有行善積德的抵消，還有修行的淨化。而其中善業與惡業的演算，既不是依照儲存先後的次序，也不是一個規律的整合，彼此之間不是對等的抵消，更沒有演算公式可依循。在靈性意識特殊機制的處理下，善業與惡業就這麼此消彼長、此長彼消，在我們的生活與命運裡展現果報。因此，可以這麼說，命運就是這個龐大數據被處理後的結果。

佛家說：「萬般帶不去，唯有業隨身」，說明了業力是如影隨形、累世相隨的，既不在身外，也不在空間晃蕩，業力就是儲藏在每一個眾生內在的靈性意識中，成為生命輪迴的根源。想要淨化業力、消滅業力的引發，除了心存善念、行善助人、精進修持、以及不再續造惡業之外，幾乎別無他途。因為業力不會主動離去，也不會主動消散，就連佛陀也無法以法力消除眾生的業力。佛陀所以傳法八萬四千種法門，就是教導眾生必須經過個人的努力來修持靈性意識，才能淨化自己靈性意識中累世的業力。

業力與因果不是必然的關係

人們對於業力與因果的關係最感疑惑的是：為什麼有人做很多善事或是虔誠吃齋念佛卻仍然受苦、厄運連連甚至遭遇不幸？為什麼看不到善人的福報？為什麼有人做惡多端卻是好命享福、應有盡有？為什麼看不到惡人的報應？

「福報」或是「業報」的發生，雖然具有潛在的可能性，卻未必是必然發生，也未必是現世發生，而是要看外在環境中，所有與之相關相應的「緣」是否成熟具足。當外在有力量、好的緣介入時，譬如積聚的善業多、善業惡業的比重改變，或是有貴人相助撥開惡緣，或是修持的功夫深，都會形成有利條件來淨化一些業力，因而使較輕的業力不會引發而受報。由於業力可以透過修行和行善來淨化，相應的因果也會隨之改變。所以業力與因果關係是相對的，不是絕對和必然的。但是，如果業力過於深重，所累積的善根、福德、因緣遠遠不足以抗衡某些業力，或是修持工夫不夠深，可能就無法避免業報的發生了。

若是將因果關係視之為絕對的關係，便會將「欲知前世因，今生受者是；欲知來世果，今生作者是。」這句話視為公式，而將此生一切的遭遇、發生、人際關係等，不論幸與不幸，皆歸功或歸咎於業力和相應之因果，而忽略了佛陀所傳八萬四千法門教法的目的與力量。因為佛陀的修持法門，就是教導我們如何淨化業力及積攢善業。如果業力和因果是絕對和必然的關係，為什麼數千年來有這麼多修行者呢？

破除業力魔咒的次要因緣

所謂的「業種」或是「業因」，在因果關係中稱為「主要因緣」。促使業因受報的外在各種緣、各種條件、也就是讓業果顯現與否的外緣，稱為「次要因緣」。若能掌握好次要因緣，業力就不會受報，業果也不會顯現。換句話說，善的次要因緣可以破除業力的魔咒，切斷業力與因果的相應鏈。

哪些是所謂善的「次要因緣」呢？譬如，一個劇烈爭執的場合，已經到了一觸即發的關頭，如果是一個容易衝動的人，無法扼止自己的怒氣，口角爭執之餘動武起來，甚至動刀動槍，最後招致某方重傷殘疾甚至當場命喪，這一幕可能是這一世在生命中的一個意外，也可能是前世業力引發的惡果。如果這個人臨時有某種好的因緣出現，阻止他去這個場合，或者當下及時有外力介入，防止鬥毆發生，也許就可以避開這個生死攸關的災禍。潛在的業力避開了引發業報的緣，業果也就不會發生。

如何增加善的次要因緣呢？我們可以修持業力的淨化、修持靈性意識、消融種種負面情緒、樂善好施、助人濟世、廣積陰德、常思善法、常念善法、常行善法。西藏密宗的修行非常重視業力的淨化，從皈依、發菩提心開始，所有前行法到最高次第的修行法，都包括淨化業力的修持法門。這是因為在幾千年前，修行的大成就者們就已經體悟到次要因緣的重要性了。

淨空老法師在講經時，常舉自己為例。他說，他的父輩祖上三代都沒能活過四十五歲。在他年幼時，家人找人為他算命，也是說活不過四十五歲。淨空法師三十二歲出家，講經說法逾六十年。在他老人家年過四十五歲之後，便經常以自己為例，認為修行佛法確實可以化解業力、改變因果。淨空老法師於二〇二二年圓寂，享壽九十五歲高齡。

常聽到人們述說，或是看到新聞，甚至自己親身經驗，在遇到困難時突然有貴人相助，或是在大災難中奇蹟式生還，或是在危難時化險為夷、死裡逃生等等。對於這些情況我們可以有各種解釋：宗教信仰者認為是神蹟或是神佛的庇祐，無宗教信仰者認為是好運氣或是出現奇蹟；而從業力律與因果法則來看，我們會說可能是所累積的善業獲得福報，也有可能是因為次要因緣化解了業力的引發。

「命」與「運」

人生歷程沒有標準答案，業力與因果展現的型態也沒有公式。雖然出生於同樣的家庭，或者有著相似的背景，但不同的個人就會有不同的命運與發展。當然，我們可以說，是因為每一個人各自的努力與機運不一樣。但是，還有一些因素是表面上看不到的，譬如每一個人有各自累積的善業與惡業，也有各自不同的善緣與惡緣，在主要因緣與次要因緣機制的運作下，就會造成各種不同型態的命運。

有人碌碌無為，卻平步青雲飛黃騰達；有人才智過人，卻終生鬱鬱不得志；同樣受高等教育、出身同一所名校、擁有同樣的專業，卻未必一樣成功；即使才華過人，卻未必為人賞識，甚至終生不得志；同樣恃才創業，有人成為鉅富，有人卻背負龐大債務；有人胸懷大志滿腔抱負，終其一生也未必能一展所長；出身同一個家庭的子女，前途發展也可能大相逕庭；同樣出身貧寒，有人終生潦倒，有人刻苦勤奮白手起家；同樣出身富貴，有人終生享福，有人卻敗光家產；很多人終生處於貧困、潦倒、飢餓、戰火之中，也有很多人終生免於這些悲慘遭遇；有人天生殘疾，或有先天罕見疾病，或是身心缺陷障礙，其中有人可以努力不懈戰勝命運，也有人被命運擊倒；面對同樣的挫折、壓力、失敗，有人可以坦然面對東山再起，也有人一蹶不振。人世間有千百種不同命和運的景象，很難給予公式般邏輯的解釋。但是從上述業力與因果關係的敘述中可以知道，在人生表相的後面，還有另一種力量在起作用，對所謂的命運產生了一定的影響。

「多元緣生論」與「撥命論」

佛門密宗黑教第四階段的創導者林雲大師，對於業力、因果法則和所謂的命運，提出了「多元緣生論」和「撥命論」的理論。

林雲大師認為，所有發生在我們生命中的事件，究其原因，不會是只有單一的「緣」，而是有很多不同的「緣」牽涉其中。大師所說的「緣」，可能是因也可能是果。有好緣也有壞緣，有善緣也有惡緣，有前世的緣也有這世的緣，有深的緣有淺的緣，有複雜的緣有單純的緣，有的緣是單向，有的緣是多向，有的緣牽纏已久，也有的緣是突如其來，有的緣會繼續到未來世，有的緣可能在這一世就結束了。

林雲法王認為，如果聚集眾多善緣，或是加入一個力量強大的善緣，就可以撥開惡緣，如同前面所述善的次要因緣，就是有力量的善緣。但是，林雲大師也認為，這只是一個前提，還要看所集聚的善緣力量是否比惡緣強，足以抵擋或撥開惡緣，阻止業報的發生。如果善緣的力量大，惡緣的力量小，就可以削弱或撥開惡緣。如果惡緣力量強大，善緣力量不足以將之撥開，相應的業報仍會發生，但是業報的效力可能會減弱。「多元緣生論」的理論，釋疑了我們對業力與因果相應關係很多的疑惑。

傳統佛教認為相同的行為所形成的業因，就會得到同樣的業報，也就是所謂的「共業」。譬如，一個突如其來的災難，如戰爭、地震、海嘯、空難、海難、瘟疫、大饑荒、九一一等等不幸重大事故發生時，許多人在災難中同時罹難，往往就會被人們認為，一群人在同一個事故、同一個時間地點喪生，便是因為這一群人的「共業」。

但是從「多元緣生論」角度來解釋，並非所有罹難的人都有共同的業因。可能部分的人有此業因，但也有部分的人沒有，而是因緣際會臨時聚集的這一群人，恰巧在同一時間、同一地點，撞上了突如其來的巨大惡緣，重大災難事件的發生便是這樣一個惡緣。在這一群人當中，若是個人福報大於惡緣的力量，就能倖免於難，若是個人福報不足以抵擋惡緣的力量，就可能不幸喪生。再者，在不幸事件發生前，每個人都還有各自的緣。有人可能是有不同的惡緣齊聚，無法逃脫此劫，有人則可能有不同的善緣出現，例如臨時改變行程，或是臨時因故先離開災難現場，而得以倖免於難。

因此，重大災難發生的「緣」也是多元的，有很多不同的背景原因，有入世的也有出世的。牽涉其中的眾人，不論是否罹難或是大難不死，每個人個別的「緣」也是多元的。所謂的「共業」、個人命運、或是事故的發生，都是多元眾緣交織的結果，而非單一的「緣」。

「緣」的多元性就會造成命運的多元性。林雲大師還有一個「撥命論」用以解釋命運。他認為，「宿命論」者將業力與因果視之為絕對關係，並做為解釋命運的依據。「非命論」者與「造命論」者則是完全否定業力與因果法則，認為命運是憑藉自己這一生的努力打造出來的。

而林雲大師的「撥命論」則是認為，「宿命」是先天的，以業力與因果法則為基本原則，而「次要因緣」是後天的，可以彌補或改變先天的不足。如果能夠修持、行善、並且聚集其他有力量的善的次要因緣，就可以脫離原來宿命的軌道，改變命運，改變人生。無論原來是上等命、中等命或下等命，都可以因為加入次要因緣的助緣，往上撥命，調整命運。林雲大師以「佛門密宗黑教」的出世解法和修持法，為芸芸眾生除危解厄，撥開困難、阻力、障礙和晦運，化險為夷，轉危為安，調整運氣，增強生命力，使運氣轉好轉順，讓生命的流動順暢。

林雲大師「多元緣生論」和「撥命論」的理論，不但深入說明業力與因果關係的非絕對性與非必然性，肯定善的次要因緣的重要性，同時更拉寬了我們對於個人命運中幸與不幸的思維和看法。「因緣生萬法」，人生是多元的緣起，影響命運的因素也是多元的緣起。如果我們了解因緣的多元性，就不會用一種絕對的關係看待人生，也會更清楚的認識業力與因果加諸命運的影響。

淨化業力的方法

在修行的道路上，業力的淨化是一項重要功課，不只可以避免業力的引發，引導我們如何積德行善，也能成就靈性意識的覺醒。在日常生活中，業力的淨化可以改正我們負面的習氣與習性，清除負面情緒與能量，重塑健康的人格與心態，改變命運的軌道。

簡單來說，業力淨化的方法就是修持靈性意識與行善積德。淨化業力的修持需要上師的傳法與指導，以觀想淨業本尊的加持以及持誦淨業咒為主，逐漸淨化靈性意識中的業力。「行善」包括善念、善語、善行、慈悲助人、並樂於佈施，佈施包括了財佈施、無畏施和法佈施。只要我們往修持靜坐和行善積德的方向行進，就不需要害怕業力，因為反向的業力會離我們越來越遠，影響力也越來越小。

---

❶「身口意」為佛教用語，是產生業力的主要本源。所謂「十惡業」為：身業有三：殺、盜、淫；口業有四：兩舌、惡口、綺語、妄語；意業有三：貪、嗔、痴。若是不犯惡業，即是善業，稱為「十善業」。

❷耆那教又稱尼乾子教，起源於古印度的古老宗教之一。幾乎同一時期興起的佛教在理念發展上與耆那教有相互影響之處。印度近代民運人士甘地亦借鑑耆那教的許多理念，如在不合作運動中倡導非暴力的宗旨等。

❸「六道輪迴」為佛教用語。「六道」是六種眾生的生命形式，依上到下的層級為：天道、阿修羅道、人道、畜生道、餓鬼道、地獄道。

第四章
氣的理論

在內在世界的十二個面向中，還有一個非常重要的面向，就是「氣的狀態」，因為那是帶動人體活動的動力，也是帶動其他面向轉化的動力。尤其對於「氣」低沉的人來說，氣的調整是其轉化內在前必須先做的功課。當一個人的氣在低沉狀態時會心情低落、精神低靡，對參與失去興趣，對生活無法專注，無心也無法去做內在轉化以提升生命能量的功課。因此，必須先把體內的氣從低沉的狀態調整提升，才能轉換心情，才能恢復生命的能量和動力，才能正常生活與正常活動，也才能做內在轉化的練習。我們在了解「氣的狀態」前必須要先了解「氣的理論」。

「氣」為什麼重要？

「氣的理論」是林雲大師獨到的洞見。在宇宙間和天、地、人之中都存在著一種無形的能量，林雲大師稱之為「氣」。在物質世界及人類社會中所呈現的種種樣貌，都可以用「氣」來觀察分析。在生物體內的生命本質，以及在宇宙間的意識體，也都能以「氣的理論」來說明其究竟。對於有關人類意識與宇宙意識的觀察和研究，「氣的理論」可以說是一個完整的知識體系，有其一以貫之的邏輯架構，來解釋生命的本體與現象、生命力的展現、生命的來去、宇宙意識的存在、以及靈界和法界的究竟。「氣的理論」不只是理論部分，林雲大師也提供了「氣」的調整與提升的方法。

林雲大師認為，天地之間所有的人、事、物、地及空間皆有氣，無所不在，無所不及。因此，「氣」是一個範圍極廣的名稱，概括了天氣、地氣、個人的氣、群體的氣、環境的氣、城市的氣、國家的氣、空間的氣、靈界的氣、氣功的氣、中醫的氣、古印度哲學中的氣、風與脈輪、西藏密宗修行的氣脈與脈輪、民俗命相學中的氣色與氣運、一般人所說的能量與氣場、以及人類意識和宇宙意識等等，都是屬於「氣的理論」的範圍。林雲大師經常說：「就氣論氣」，幾乎宇宙間和人世間一切的現象，林雲大師都可以從「氣」的角度來觀察、分析、說明。

而人體內的「氣」與環境中的「氣」，也有簡單又極其有效的方法來調整和提升。人體中的「氣」是生命的本體，是生命的原動力，也是影響人生的重要元素之一。從人生的多元和多層次的性質來說，「氣的理論」讓我們可以從另一個角度來了解生命的本質與現象，從另一個層面來改善人生並提升生命。

林雲大師也運用一些特殊的出世解法來調整「氣」，不但增進我們身心健康，提升生命能量，修持靈性意識，增進頭腦的清晰與心境的平和，也幫助我們改變習性，改變人格特質，改善人際關係，改變運氣趨吉避凶。換句話說，如果能夠調整提升體內的「氣」，從生活環境到個人的身心，從生命狀態到本質，都能獲得全面提升。

天氣、地氣、人氣

「氣」無色無形，卻無所不在、無所不現。林雲大師說：「天有天『氣』、地有地『氣』、人有人『氣』。」

「天氣」顧名思義，天象的氣、星象的氣、氣候的氣、大自然的氣皆是。譬如太陽的黑子、黑洞引力的對峙、氣候的變化與變遷、大自然的災害、異常的天象、星象的排列、流星的殞落、潮汐的起落等等，都是天「氣」的顯現。不同的顯相和變化就會對居於其下的人類造成不同的影響。

所謂的「地氣」，是指地殼下帶動地下水和岩漿流動的力量。地氣的流動若是離地殼近，代表該處地氣好，土壤肥沃，水源充足，植物繁茂，五穀豐收。若地氣的流動離地殼非常遠，地氣就不好，土壤貧瘠，水源缺乏，寸草不生，更別說種植五穀雜糧了。若是地底下的地氣太強衝出地殼，可能造成火山爆發。若是海底太強的地氣衝出海面，就會造成海嘯。

地氣在堪輿學上也是一個非常重要的元素。地氣旺盛的地區，為居住其上的人群提供了有利生存的生活條件及蓬勃的發展力，這也說明了為什麼「地靈」就會「人傑」。地氣好，人群自然聚集，也成為城鎮、都市、大都會發展的必要條件之一。反之，地氣疲弱的地區，自然條件差，對居於其上的人群來說，生活條件也差，不但限制發展，甚至會災難頻生。

在天氣和地氣之間的「人氣」涵蓋廣泛，包括個人本身的氣、他人的氣、家庭的氣、居住環境的氣、工作環境的氣、鄰近周圍環境的氣、社區的氣、學校的氣、團體的氣、公司的氣、企業的氣、社會的氣、國家的氣等等，甚至包括靈界的氣和法界的氣。天氣與地氣皆各為一個很大的範疇，本書只著重於分析個人的氣。

「人氣」分成三個層面：一是氣的本質，二是氣的狀態，三是氣的型態。「氣的狀態」與「氣的型態」會因為自己本身及外在環境中的各種因素產生變動。因此，林雲大師說：「氣的本質不變，而氣的狀態與氣的型態常變」。「氣的本質」必須經由修持得以淨化和進化；而「氣的狀態」與「氣的型態」則是經由特殊的出世解法來調整，以獲得氣的平衡、增強和提升。

「氣的本質」就是生命的本體

林雲大師所說的「氣的本質」（也可簡稱為「氣」），就是我們的「靈性意識」，是一個在輪迴中不生不滅的意識體。在每一個輪迴裡、在不同的六道中，生命的外貌不同，氣的狀態和型態也會不同，但是「氣的本質」也就是「靈性意識」卻永遠不會變，永遠是同一個。

當一個靈性意識從宇宙間進入一個懷孕的母胎內，不論人或動物，靈性意識就成為這個正在育孕中新生命的生命力，也就是這個新生命體「氣的本質」。「氣的本質」又稱為「真吾」，因為生物面的肉身其實只是一具新陳代謝的皮囊，如果沒有「真吾」存在，就沒有生命力，肉身就會死亡，也就不會有生命的存在。換句話說，只有當「氣的本質」在肉身軀殼內，生物才會有生命的跡象與生命的活動。因此，「氣的本質」才是真正使生命延續的本體，而我們肉眼所看到的肉身，如同生命本體在某一個時空中的一件外衣而已。在無數輪迴中，當這個「靈性意識」投入不同的生命體時，就會具有不同樣貌。每一個生命的肉身，只是這個「靈性意識」在輪迴中遷移時的暫居地而已，而每一次生命的不同樣貌，也只能有一個生命期的短暫存在。

如果一個人的「氣」離開了身體，生命便走到終點，也就是嚥「氣」了，生物面的呼吸心跳停止，各種生命的跡象也嘎然而止。然而從「氣的理論」來說，生命的結束則是因為「氣的本質」離開肉身所致。若是醫學上已宣告死亡，而「氣」在不停地嘗試下，居然能夠成功又帶動身體的器官活動，讓生命恢復生機，這就是奇蹟式的「死而復生」。

當身體死亡，體內的「氣」再也帶不動各個器官活動時，「氣」就只好依依不捨的離開身體，準備下一個生命的開始。好比一部老舊的車子再也無法啟動時，車主只好下車離去。若是車子能夠修理好，再度恢復使用，車主就可以繼續駕駛。如果車子再也無法修復，車主就只能棄之而去，另找一部新的車子使用。車子好比身體，車主就是「氣的本質」。表面上看來是車子在跑動，事實上是因為有駕駛人才能讓車子跑動。所以，「氣的本質」才是駕駛車的人，才是讓生命延續的真正動力。

人體能動是因為體內氣的帶動

從科學角度來說，人的肢體和器官的活動是一個有機體生物面的作用。而從「氣的理論」來說，人之所以能動是因為身體中有「氣」的存在，「氣」在體內的流動，帶動了人體生物面的各種活動。譬如說，氣帶動大腦，大腦的功能才能夠運作和思考；氣帶動手，手才能夠做事幹活；氣帶動腳，腳才能走動跑跳；氣帶動五臟六腑，器官才能運作。根據「氣的理論」，生命體的一切身心活動都是由氣所帶動。

對於疾病的成因，西方醫學是依據科學。中醫理論則是認為，病因常起於五臟六腑失調、腎氣虛弱、氣血淤滯、或是氣脈鬱結等原因。藏醫認為身心健康有恙，是因為氣在氣脈中的流動被堵住。印度脈輪學的角度認為，身心、情緒、人格健康，都與脈輪的開啟與暢通有直接關連。

而「氣的理論」則是認為，如果氣在體內流動時有任何部位堵塞不通，就會造成該部位的疾病。譬如，如果右半身的氣流動停滯，只能帶動左半身，右半身就癱瘓了。如果下半身的氣堵住不通，只能帶動上半身，下半身就呈癱瘓狀態。氣如果在腦子裡堵住，就會造成腦部疾病或退化，導致生理、心理和精神上的各種疾病，像是自閉症、妥瑞氏症、小腦萎縮症、失智症、阿茲海默症、帕金森症、憂鬱症、躁鬱症、精神分裂症或是其他各種精神疾病等等。

對於疾病的治療，除了西方主流醫學的治療外，有中醫、草藥、自然醫學等做為輔助，不妨也加入「氣的理論」做為參考。可以採用「氣的調整」方法來疏通體內堵住的氣，並提升體內的氣。疏導身體內堵住的氣，使氣的流動暢通，可以幫助病人及早復原；提升病人體內的氣，則是可以讓病人的氣不會因虛弱而低沉，心情亦不致低落。

「氣的狀態」影響健康和運氣

每個人有其各自的「氣的本質」，而「氣的本質」在身體中流動的方向，以及分布的均勻多寡，會形成各種不同的狀態，顯現在我們的個性、人格、情緒、健康、言行、舉止、思維中，稱之為「氣的狀態」。「氣的狀態」也因人而異，影響我們的身心健康、運氣順背，甚至人生方向的選擇。

「氣的狀態」在每個人體內各不相同，總的來說，有清、濁、高、低、強、弱、旺、衰等各種不同程度的顯現。大致來說，氣比較清的人，個性溫和、聰慧善良、運氣較為平順。氣比較濁的人，個性偏執、不明事理、運氣也較阻滯。氣很旺的時候，運氣順，左右逢源，成功機率高，是人生的勝利組。氣較弱或偏低的時候，身心脆弱、個性膽怯畏縮、運氣也差，四處碰壁，困難障礙多，不易成功。氣高昂的時候，身心健康、頭腦敏捷、四肢矯健、正向積極。氣低沉的時候，健康欠佳，情緒低落、心情鬱悶、排斥社交，對生活缺乏熱情。

氣的狀態會依各種不同情況而變動，顯現於外的精神面貌也會跟著不同。影響氣的因素很多，諸如自己與生俱來的氣的本質、身心健康、種種內在心識的作用、心境高低起伏、生命中的經歷、運氣的順背、家庭成長、他人影響、居住環境及工作環境影響、團體或社會的影響，甚至住屋或辦公室中「前手的氣」，以及空間裡的白氣、陰氣、壞的氣等等，都會影響一個人氣的狀態，也影響健康和運氣。

久病之人身體虛弱，氣也會隨之逐漸轉弱；心情低落的人，體內的氣就會向低處走；長期憂鬱症患者，氣會越來越低也越來越弱，當氣走到最低狀態時就會離開身體；長期走背運的人，氣在體內的狀態就會越來越堵、越來越弱、越來越低。

氣的狀態可以經過調整而改變，由濁轉清，由低轉高，由弱轉強，由衰轉旺。氣的調整，會幫助我們加速恢復身心健康，去除負面情緒與負面能量，對於心情的調整、心念的改變與運氣的轉變，有著驚人效果。更有甚者，氣的調整與提升，不但能幫助我們走出陰霾低谷，重新出發，甚至能幫助我們重塑人生，在人生的道路上看到光明與美景。

師從林雲大師門下學習的三十年中，我見證了無數案例。當他們的「氣的狀態」由低轉高、由弱轉強之後，運氣就會跟著峰迴路轉，心境隨之豁然開朗，人生也跟著撥雲見日。我自己就是身受其惠眾多見證者之一，經過「氣」的調整與提升後，我從自卑羞怯的個性變得開朗自在；從委屈壓抑轉而樂觀正向；從缺乏社交能力的沉默寡言和侷促不安變得能夠主動與人攀談，並且樂於與人互動；從慣於自我保護的狹隘變得能為他人著想，並且主動關懷他人。種種蛻變，不僅讓我成為一個嶄新的我，人生也開啟了嶄新的一頁。我深深相信，如果不是經過「氣」的調整與提升，絕對不可能會有這麼快速、澈底又如此不可思議的改變。氣的重要性，正如林雲大師所說：「相好不如命好，命好不如運好，運好不如心好，心好不如氣好。」

「氣的型態」有千百種

「氣的型態」是指氣在身體中流動與分布的均勻程度，由內而外溢於言表時，就成為一個人的個性特徵或人格特質，也會呈現其健康狀態與運氣的向背。氣的型態因人各異，如同每個人有不同的五官長相、不同的人格特質組合、不同的性格習慣。但是在所有的相異之中，仍會看到一些共同點，舉例如下：

沉默寡言型

如果氣在身體中的流動堵在喉嚨，就會使得這個人沉默寡言，即使想要說話時也是欲言又止、吞吞吐吐。對於別人的問話，經常只以點頭或搖頭來回答。一般會認為，是因為這個人不愛講話或是懶得回答。然而從「氣的理論」來說，是因為他的氣堵在喉嚨，使他無法輕易發言。即使說話語速也偏慢，話語簡短，有時拙於辭令，不擅表達。

滔滔不絕型

如果氣過度集中於唇舌，帶著唇舌頻繁的動，這個人明顯的特徵就是特別愛說話。在聚會或社交場合中，往往會聽到有人話說不停的聲音。好處是有他在不會冷場，但有時也會因為話太多而言多必失，無意中得罪人也渾然不知。

心不在焉型

如果一個人總是心不在焉，或者經常發呆走神、胡思亂想、喜歡做白日夢、專注力渙散，表示這個人的氣習慣性的不集中在腦子裡，四處漫遊。與這樣的人談話時，當你追問一句：「你明白我剛才說的嗎？」他會立刻回過神來：「啊？你剛才說什麼？」在「啊」的一聲當下，表示氣又回到腦子裡。這就是典型的「心不在焉型」，人在心不在。如果是學生或員工有這樣的氣，往往有聽沒有到，做為老師或是主管，在說話前就需要特別先喚起他的注意，想要傳達的訊息才會傳到對方耳朵裡。

刺蝟型

如果氣的分布在身體中成尖刺狀，個性就會如刺蝟般渾身是刺。這類型的人說話總是比較尖酸刻薄，喜歡挑剔別人，個性也傾向於易怒，經常嘲諷、挖苦、罵人，較難與人相處也較不受歡迎。如果職場中頂頭上司是這類型的氣，下屬的日子就會比較煎熬一些。

竹節型

氣在身體內的分布猶如竹節一般，一節一節，直挺又堅硬，不經過耳朵直入頭頂。這類型的人通常胸有成竹，抱持強烈主見，因為氣的流動不到耳朵，聽不進別人的意見，永遠只是堅持己見。我們常看到非常固執而又主觀的人，便是屬於這類竹節型的氣。這類型的人心中充滿成見與偏見，如果又缺乏正確的判斷力，可能會擇不善而固執。但若是這一類型的人具有智慧灼見，又具有正確的分析和判斷能力，則會擇善而固執。雖然後者特質傾向正面，但是在人際關係上，因為缺乏彈性與變通性，仍然較難相處。

走投無路型

有些人一心想有所發展並憧憬有一番作為，卻總是只有坐而言無法起而行，缺乏行動力，理想淪為空談。即使嘗試邁出一小步，但一遇到挫折就又會立刻止步不前。這類型的人顯示他的氣受限於體內，即使想從不同方向衝出去，卻怎麼也衝不出去。譬如，一個人總是喜歡談及各種理想和抱負，想要創業、轉行、追求更高學位、與人投資合夥、出國闖蕩人生等等，卻總是永遠原地踏步，無所作為，一事無成。這就是屬於「走投無路型」的氣。

陰陽怪氣型

如果一個人的氣，在體內的分布只集中分於身體的兩側，中間很少，這個人表現出的態度往往是忽冷忽熱。看到熟識的人，有時會非常熱絡地打招呼，尤其是有求於人時；但有時不但不打招呼，甚至視若無睹，彷彿路人一般。

低沉型

當一個人久病、心情抑鬱、遭逢失敗而一蹶不振、或是長期意志消沉時，體內的氣就會隨著心情的低落越來越往下走，心境也會越來越灰暗，對人生失去希望。當氣低沉到無力帶動身體各個器官和部位時，生存的意志會極度薄弱，最後可能走上結束生命一途，如重度憂鬱症患者或是精神分裂症患者。

天才型

這類型的人，氣高度集中於腦子，帶著腦子不停運轉，有豐富的想像力和創造力，能夠創新、創作、設計、發明、研究。氣如果也帶著手腳動得勤快，這個人還會努力不懈，能夠創業、發展、或是不斷有新作品及新成果。

多疑型

若是氣帶著腦子不停的想、不停的轉，但是想法總是負面的，有可能成為另一個不幸的型態，即是精神疾病患者。如果負面念頭和想法在腦中盤桓不去，極容易導致憂鬱症。如果總是懷疑別人背後議論他、背叛他、對他不利、甚至加害於他，很可能就會導致妄想型精神分裂症。

氣有百態，以上不同型態的例子僅僅是冰山一角。每個人的氣並非只具有一種型態，而是各式各樣不同型態的組合。型態雖因人而異，但也會有共同的型態特徵。

「氣的五行」代表了人格特質

談及「五行」思想，早於先秦之前，古代先民就以不可思議的智慧，將自然界的五種自然物質發展出「五行生剋」的理論，並將之廣泛應用在各個知識領域及日常生活中，舉凡醫學、軍事、建築、色彩、術數、堪輿、命理、衣、食、住、行、氣候以及人際關係中的基本品德等。數千年來，五行的思想、理論和應用，深植於中國民間文化和習俗中，不知不覺地沿用著。林雲大師將之應用在「氣的理論」上，可說是獨一無二的另類應用。

林雲大師取用「五行」中「五常」的屬性，形容一部分氣的型態，也生動的代表了一個人的個性、行為與人格特質。「五行」即是五種自然界的元素：金、木、水、火、土。「五常」為傳統道德中的仁、義、禮、智、信。五行與五常的相屬則是：金代表義，木代表仁，水代表智，火代表禮，土代表信。

林雲大師「氣的五行」理論，與傳統命相學完全不同，與個人的命理五行也毫無關連，僅僅代表個性與人格特質中的一部分。每個人的個性中都具備了仁、義、禮、智、信五常，不同的只是多寡的問題。而一個人的氣在身體中流動與分布狀態的顯現，也會影響一個人的仁、義、禮、智、信五常的表現，稱之為「氣的五行」。

氣流動的順暢或堵塞與否，以及氣的分布均勻與否，都會使每個人的五行元素有多寡的不同，因而形成「氣的五行」有種種不同的組合。而每種元素多寡不同的組合，就展現了一個人在個性、想法、言語、行為、態度以及行事風格上的不同，刻畫出他的人格特質。

心理學有各種不同學派的理論與分析，可以了解一個人的個性或人格特質形成的原因。從佛教的角度來說，則可能與過去世是六道中的哪一道有所關連，也與過去世所帶來的業力和習氣相關。然而從氣的角度來說，除了上述相關原因，還有一個重要因素，便是受到氣在身體內流動和分布的影響，構成各種不同型態的氣，也形塑了一個人的個性和人格特質。

「氣的五行」的型態在同一個元素中，從最多到最少可以分為七十二個量度，最少為零，最多為七十二，「正」為三十六，「正」就是在均勻平衡的狀態。在同一個元素中，從最多、最少或是到均勻平衡之間，還有很多不同程度的區別，如極多、偏多、略多、偏少、略少、極少或是正偏多、正偏少等各種不同的組合。五個元素再相互配合，就形成了氣的百態，也就是一個人的個性與人格特質的百態。

以下列舉幾個例子來說明「氣的五行」的型態：

一、金多型：「金」代表一個人語言行為的表達狀態。金多型的人，氣上升得快，集中唇舌，除了話多以外，喜歡仗義直言，有時熱心過度，非關己事也當頭，吃力但不一定討好。金多型的人，氣不經過大腦就直接衝口而出，往往話講太快太多，言多必失，容易得罪人自己卻毫無感覺。

二、金少型：這類型的人，氣上升的速度慢，堵在喉嚨，帶著唇舌動的頻率低。個性偏於內向，沉默寡言，謹言慎行，與人格格不入，喜歡獨來獨往，語速慢，動作也慢。

三、金正型：氣雖然上來得快，但會先經過大腦轉一下，經過思考後才說。這類型的人，說話語氣平穩，語速略快，動作積極。個性上言出必行，講義氣，遇事不平則鳴，但懂得分寸，適可而止。

四、木多型：「木」代表一個人的想法和個性固執的程度。「木多」或「木重」型的氣，也稱為「竹節型」的氣，因為氣在體內的分布和流動，就像硬而直的竹節一般，不經過耳朵而直達腦部。「木多」型的人，行事風格固執而僵硬，像一株細高直挺、枝葉稀疏的檳榔木。木重的人，內心成見和偏見深，不願接受別人的意見，堅持己見，我行我素，不願改變現況。

五、木少型：這類型的人，氣集中於手腳，帶著手腳動，常跟著別人走。因為氣不到腦子轉，思考的少，因此缺乏主見。「木少」型的人，猶如水上浮萍，任憑風吹而移動，不知何去何從。往好的一面說，個性隨和容易相處，情感重於理智。缺點是，意志力薄弱，個性也軟弱，人云亦云，出爾反爾，欠缺判斷力與決斷力。

六、木正型：「木正」型的人，氣是平衡均勻的分布在體內、腦子和耳朵，雖有自己的主見定見，但是也能傾聽他人意見，經過理性思考後再決定是否接受。猶如一棵樹幹粗壯枝繁葉茂的大樹，風吹時枝葉晃動，風停時枝葉回復平靜，大樹依然穩若磐石般屹立。

五行中的「水」，在氣的形態上分為靜態和動態兩類：靜態的水稱為「死水」，意指不流動的水，代表一個人的智慧、認識力和判斷力。動態的水稱為「活水」，意指流動的水，代表一個人的社會接觸面、社交範圍以及活動的頻率。

七、「死水」按照水位高低不同，可分為：枯井型、坑水型、溝水型、池水型、塘水型和潭水型。

「枯井型」的人顧名思義水位低，形容坐井觀天、見識極其有限的人；「坑水型」的人是罔顧現實，無理取鬧；「溝水型」的人是一知半解，裝懂其實不懂。「池水型」的人是只專精一門知識，超出所知範圍則是一概不知。「塘水型」的人則是在環境簡單時塘水平靜，頭腦清楚，明白事理；但是環境變得複雜時，就像是被池塘邊的蘆葦草擾亂遮蔽而感到困惑，看不清楚方向，也無法做出正確的判斷。「潭水型」的人水位最高，具有高度智慧，如同潭心映月，清澈又有深度，明辨是非，能夠做出正確的判斷與選擇。

八、「活水」按照範圍大小的程度，可分為：山澗水型、溪水型、泉水型、江河型、湖海型、汪洋型。

「山澗水」的流動範圍短而狹，流不出山裡，代表一個人的活動範圍小，社交圈窄，參與的活動也極少；「溪水型」雖然流出山裡，但流量會因狹窄而逐漸乾涸；「泉水型」則是形容一個人的活動範圍和頻率是固定的，每天上下班固定往返，活動範圍就是兩個不變的定點：住家和辦公室；「江河型」與「湖海型」顧名思義，水量與流動量增大，這類型的人活動範圍與頻率也擴大許多。「汪洋型」是活水中水位最高的，形容人際關係寬廣，朋友圈廣，工作與私人社交活動多，出門旅遊或工作出差次數也極為頻繁。

從氣的角度來說，死水的水位越高越好，活水的範圍和流動量也是越大越好。

九、烈火型：五行中的「火」代表一個人的脾氣和容忍度。「烈火型」的人體內有過多火氣，不經過大腦就往外衝，迫不急待從口中宣洩。這類型的人脾氣急躁，罵聲載道，總是挑剔別人，見事就想管，見人就想罵，聲音大，語速快，甚至口不擇言。

十、吞火型：這類型的人，忍氣吞聲，逆來順受，委曲求全，忍耐力強，話少，個性溫和包容，而且能夠化解吞下去的委屈怨氣，從不怨天尤人，也不自怨自艾。

十一、暗火型：這類型的人也是忍氣吞聲，但無法化解吞下去的怨氣，而是將憤恨不平的委屈都堆積於心，久而久之就會形成所謂的「暗火焚身」，不但傷及內臟有損健康，也會使自己的氣越來越弱。

十二、火正型：這一類型的人是正義之聲，遇見不平之事據理以爭、仗義執言、拔刀相助，但也會遵守該有的尺度，合乎道理，知道適可而止。

十三、土少型：土在五行中代表一個人的誠信，為人處事是否信實可靠。土少型的人自私，凡事以自身利益為考量，擅於機警的保護自己，也擅於抓住機會和利用機會，為謀私利欺騙別人，屬於機會主義者和投機份子。

十四、土多型：土多的人信實可靠，往往礙於情面而打腫臉充胖子，知其不可仍為之。熱心公眾之事，有火柴精神，為了照亮別人願意犧牲小我。這類型的人往往因為太為別人著想，為他人之事而忙，延誤己事，錯過機會。

十五、土正型：土正的人誠實可靠，講信用，對人誠懇，待人行事人我兼顧。

「氣的型態」展現了一個人的個性、人格特質、習慣、性向、情緒、言語、行為、態度、能量、以及身心的平衡與健康。讀者可以從上述各種類型的敘述中有一個概括的了解，也可以試著為自己或周圍的人，以日常言行個性的表現來做「氣的五行」分析，了解自己或他人的「氣的五行」中每一個元素的多寡，就可以很容易了解一個人的個性和人格特質。

譬如某個人的氣的五行組合是：金多、木重、死水低、活水低、烈火、土少，依據「氣的五行」分析，可以知道這個人的人格特質為何，也能恍然明白為什麼其人的言語、行為、態度等是如此表現。

了解氣的狀態與型態，能夠加速我們做自我觀照與檢視，也更容易了解自己在人格特質上的表現，幫助我們思考如何調整到均衡平衡的狀態，並調整個性上的偏差。

什麼樣的氣才是最理想的氣？

最好的氣，林雲大師稱之為「上乘之氣」，是生氣蓬勃並且具有靈活度與彈性的氣。所謂的「上乘之氣」，是由內而外自然流露的特殊氣質與氣勢，並非只是一般外表的光鮮亮麗。在應對外在環境時，好的氣會有正向的能量、正確的心態及高度適應能力，同時能夠不斷調整自己。林雲大師形容靈活而有彈性的氣是：「山不轉路轉，路不轉人轉，人不轉氣轉。」如同英國生物學家達爾文所說：「物種生存的特徵，不是智慧和力量，而是能夠適應變化。」人類能夠生存至今甚至進化，就是因為人類比其他物種更具有適應變化的能力。

調整我們的氣，會幫助我們改變內在世界中一些僵硬的固定模式，更好的應對外在環境。我們的煩惱和痛苦，往往起因於把思維和生活經驗固定在某種特定形式上，或是侷限在自己建構的框架中固守不變。固守不變的原因與內在世界的形成有關，與內在世界網絡相互之間的作用有關，與受到自我意識堅固的掌控有關，也與氣在體內流動與分布的狀況有關。譬如木重型的人，也就是竹節型的氣或是檳榔木的氣，便是固守己見的氣，絕不輕易改變。

當我們的氣經過調整之後，有彈性的氣會讓我們具備柔軟度與靈活度，幫助我們打破僵硬的思維框架，破除舊有的、不適當的、不愉快的慣性模式、習性和習氣，也會幫助我們出離擇不善而固執的執著。當衝突對立減少時，原有的煩惱和痛苦也就容易逐漸溶解消失了。

調整與提升低沉的氣

偏差的氣需要平衡，低沉的氣需要提升，堵住的氣需要疏導。由於氣有流動變動的性質，即使是上乘之氣，也需要藉修行、修持、正念、正能量來維持，才可以持久不墜。

林雲大師氣的理論也包括了各種氣的調整方法。氣的調整可以幫助氣的流動，使之順暢；可以均衡氣的分布狀態；可以提升氣和鍛鍊氣，使得我們的氣保持高昂狀態和心境的平和。如果能夠經常調整氣的狀態，修持氣的本質，不但能夠使我們的氣達到均衡狀態，個性、心態與人格特質也會轉為正向開朗，幫助我們改善人際關係，更能夠開啟靈性意識，擴展靈性意識、淨化業力、轉化內在，重塑人生。

調整氣的狀態和型態有許多不同方法，必須視不同個案情況而定，往往還需要探究其形成的原因。原因可能是多元的，也可能複雜而棘手，需要多管齊下，採用多種不同的調整方法。猶如醫生醫治病人，一種病需要多種處方藥，需要治標亦需要治本。對於氣低沉、負面能量重的人、負面念頭縈繞的人、有憂鬱症傾向的人、腦子思慮太多無法停頓的人，都是比較迫切需要提升他們的氣，防止持續惡化，因為低沉的氣會導致嚴重的後果。

練習「吐納術」與「大日如來」

氣的各種狀態和型態中，最需要幫助的是低沉的氣。而在諸多調整提升低沉之氣的方法中，以下兩個方法簡單易行，而且很快可以見到良好的效果：

一、吐納術

「吐納術」是一個以呼吸配合觀想的方法。適用範圍很廣，包括：心情低落鬱悶、脾氣暴躁易怒、承受重大壓力、內心堆積負面情緒、久病不癒或患有暗疾痼疾、患有憂鬱症或是躁鬱症、運氣低、走背運、鬱鬱寡歡、自卑羞愧、喪失鬥志、沉默寡言、不擅言詞表達等等的狀況，皆可做吐納術來調整氣、提升氣，改善現有的狀況。

步驟：

1.輕鬆自然站立，雙掌合十，或是雙手手指平行相疊，左手在上，右手在下，大拇指輕觸成一圓圈。深深吸滿一大口氣，吐氣時分成九小口吐出，最後一口最長，吐盡吸進來的氣。

2.吸氣時，觀想吸進健康的氣、積極樂觀的氣、正念正能量的氣、好的運氣、寬容柔和的氣等。吐氣時，觀想心中的壓抑、鬱悶、委屈、不平、憤怒、憎恨、抱怨、失意、挫折、低落、自卑、悲觀、身心疾病等等的負面情緒與能量，都一口一口的吐出。

3. 觀想是按照個人的具體情況和需要來想。

4. 每日早起時做，一吸一吐為一次，每日至少做九次。若是自認情況較為嚴重，可以早、中、晚各做九次。必須連做二十七天、九十九天、或是更久的時間。

二、大日如來

「大日如來」是觀想藉著日光能量療癒身心的方法。適用於身心有恙、久病不癒、有暗疾痼疾、有疑難雜症、心情低落、鬱鬱寡歡的人。

步驟（如第141頁圖）：

1. 輕鬆自然站立，雙臂舉起掌心向上，雙手呈托天狀，頭向後仰，額頭朝天。

2. 觀想頭頂上的太陽透著強烈明亮的日光，經過雙手掌心的中心點及眉心，進入身體，直到腳底，充滿全身。然後雙臂放下。

3.再次舉起雙臂，如同步驟1的姿勢，同樣觀想強烈的太陽光經過雙手掌心與眉心三點進入身體，太陽光迅速地直衝腳底，又立即回升，經由原來的三點衝出體外。然後雙臂放下。

4.第三次，再以同樣的姿勢舉起雙臂，做同樣的觀想，太陽光經由三點進入身體，迅速的衝至腳底。太陽光衝至腳底後，觀想太陽光自腳底螺旋式的旋轉上升。身體有病的人，觀想日光在有病的部位繞，清除疾病及壞細胞。有憂鬱症的人，觀想日光在頭部繞，讓堵住的氣暢通。然後，雙臂放下。

5.做完一至四的步驟算一次，每日應做九次，連做二十七日。情況較為嚴重的人應該每天早、中、晚各做九次，連做九十九日。

1
2
3

第二部

修持靈性意識

第五章
永恆的靈性意識與宇宙意識

在內在世界的十二個面向中，靈性意識是最特殊、最根本和最重要的一個面向。因為靈性意識是我們生命的本體，沒有靈性意識，就沒有生命的存在。我從哪裡來？為什麼會來到這個世上？死後又去哪裡？這是千古以來就有的疑問。如果從佛家和佛門密宗黑教的角度來回答，就是因為有靈性意識的輪迴，從宇宙間不同的維度投入人體，因而有了生命的存在。

靈性意識就是生命的本體

我所說的「靈性意識」是一個不生不滅的能量意識體，在宇宙間稱之為「宇宙意識」，是宇宙意識群體的一部分；在生物體中稱之為「靈性意識」，是生物體真正的生命力，也是所有意識的統領。靈性意識在宇宙間、在生物生命中、以及在其他不同的生命形式中穿梭。它超越時空，超越生物體有限的生命期限，也超越了生物體所有能力，在宇宙間永恆存在。

了解靈性意識對我們生命的意義，就會了解為什麼要修持靈性意識，以及為什麼修持靈性意識是我們一生必修的功課。甚至可以說，修持靈性意識是我們此生此行最重要的目的吧！

靈性意識含藏了生命累世的軌跡，不但掌握了我們在輪迴中的去向，也決定了我們每一世的生命形式。如果想讓生命進化到更高層次，在輪迴中有更好的去處，就必須在這一世有限的時日裡，修持靈性意識、擴展靈性意識。唯有修持靈性意識，才能開發靈性意識潛在的無限能力、智慧和慈悲，這些潛在的特質就是我們生命進階的階梯。

我們對於客觀物質世界的反應，是經由眼、耳、鼻、舌、身、意六種感官意識的感知，進入大腦和內在世界。在收到外界的訊息後，大腦中出現的各種領納、感受、記憶、情緒、想法等，都會被「意識」觀察到，繼而引起識別作用，並立即與我們內在網絡世界中的各個面向連結，啟動心識作用的運作。所以是「意識」編導了我們的精神活動，而身體只是「意識」的渠道，是「意識」的承載體，並不是「意識」的製造者。

在人類意識中，感官意識是屬於表層意識。深入內在還有深層意識，如潛意識和自我意識。而最深層、最細微、最微妙、最難通達也最不可思議的，就是「靈性意識」。因此「靈性意識」的力量與作用也是最舉足輕重的。做為生命的本體，靈性意識不但統攝六根六識，也統攝所有的心識活動和自我意識，最終更統攝一切生命的現象。

「靈性意識」潛在的力量是不可思議的。它可以帶領人類超越生物面的限制，超越感官意識對我們心識的影響，發展出超感官的靈力，提升生命神秘的能量，並且能夠淬鍊人類的心靈，達到消除二元對立、完全自由的境界，使生命進化到更高層次。

「靈性意識」還有一個神秘不可思議的特質，它是人類意識與宇宙意識連結和溝通的唯一窗口。經由不斷的修持靈性意識，原本受到生物面限制的身體與意識，它們的分子結構會越來越精細，分子震動的頻率也越來越高，與宇宙意識的振動頻率就會越來越接近。當震動頻率同步時，就能接收到宇宙意識的訊息，而本身的靈敏度與靈力也就會越來越強。

我認為生命的奧秘與魅力所在，就是這個最深層最微妙的「靈性意識」。我們經由修持才能層層深入的連結到它，逐步開啟並且擴展它，也才能夠逐步體驗其不可思議的潛在力量。而這個不可思議的神秘力量，來自於與宇宙意識的連結，也來自於潛藏於生命中的「靈性意識」本自具有的無限靈力。

宇宙意識的層次

「靈性意識」來自宇宙，是宇宙意識的一部分。「靈性意識」可能在宇宙間飄遊，或是在六道中輪迴。當眾生一次有限的生命結束後，「靈性意識」並不會隨著生物體消亡，它會再回到宇宙，根據靈性意識的修持力，存在於宇宙不同的維度間。因此，當它在宇宙間時，我稱之為「宇宙意識」；當它在生物體內時，我稱之為「靈性意識」。靈性意識與宇宙意識其實是一體的兩面，由於宇宙意識與靈性意識的轉換，它們在不同維度中呈現出不同的生命形式。

眾生累世的業力也儲藏於靈性意識之中，業果的相續造成了生命的輪迴。根據善業惡業的多寡，眾生在輪迴中就會有著不同的生命形式。由此可知，靈性意識的本質是不生不滅的，也是無始無終的。而眾生的生物體，只不過是「靈性意識」在某個時空中的某個介面而已。

透過持續的靜坐修持，可以使「靈性意識」在人身中不斷淨化及擴展。當修持獲得巨大成就時，具有高度修持力的靈性意識，便具有超越生死的能力，不再墮入輪迴的娑婆世界，而是恆久安住於涅槃境界，祂們就是在佛教中我們稱之為佛或菩薩的高靈。我相信宇宙間有些高層次的宇宙意識會化現為人，來到人世間濟世渡人；也有些高層次的宇宙意識長住法界，從未墮入過輪迴；還有一些較低層次的宇宙意識，從未有投生的機會來到人間。

宇宙間充滿著無量無邊、不同層次和不同等級的宇宙意識。在法界或靈界的宇宙意識，因為修持的功力、智慧、慈悲、修為、品德、知識、靈力以及神通能力的差異，宇宙意識便有各種高低不同的層次。正如同人類世界一樣，有形形色色的各行各業，有教育知識程度的差別，有道德、素質、修養的差別，有入世能力的差別，有出世靈力的差別，有修持功夫的差別，還有各自的業力福報的差別。

靈界的宇宙意識與生物體的靈性意識是一體的兩面，也就是說，人世間人類的知識程度與靈界靈子的知識程度也是一體兩面。並非如人們想像，只要是肉眼看不見在宇宙間飄遊的靈子，就會比人類更有知識，這是一個不正確的認知。也因為人類意識與靈界意識是一體兩面，人世間有作惡的惡人，靈界也有傷害人的鬼魂和惡靈。

在法界，高層次宇宙意識的智慧和能力，是人類遠遠所不能企及的。人類對於一些無法理解、不可思議或奇蹟式的發生和轉變，往往視之為神蹟，或是神明的神力賜與我們的庇佑。在宗教上，人類對於高層次的宇宙意識，會以人類所創造之神祇的名字來稱呼，並且瞻仰、禮敬、膜拜。一方面，由於人類對於不可知而又高於人類的力量，自然而然會所產生敬畏和崇拜心理。另一方面，高層次的宇宙意識確實有著不可思議的強大力量，所謂的法身遍佈、法力無邊，是人類的生物能力無法具有的。

而人類如何將他們的祈求上達天聽呢？如何得到法界高靈的指引與庇佑呢？這便是宗教和靈學一直在追尋的目標。做為一個佛教徒，我相信佛菩薩的存在，也相信法界高層次宇宙意識的存在。在我靈修的經驗裡，我的確可以感應到祂們的智慧、慈悲與力量，以及不時的指引、啟發、庇佑和加持。靈修的感受和體驗，完全是如人飲水冷暖自知。其實，修行者只要能在修行的道路上持續不斷努力前行，都會對不同程度的感應有所體驗。

宇宙間充滿了靈子的「靈子說」

對於「靈性意識」，林雲大師有一個「靈子說」的理論，我認為是最能解釋生命在不同維度的形式與現象。一個生命結束後，一個人的「氣的本質」，也就是「靈性意識」，會離開肉身回到宇宙，林雲大師給此時的生命形式一個特殊的名字，稱之為「靈子」。「靈子說」的理論，是用了最簡單的詮釋來說明最複雜的未知現象，包括靈性意識的存在、生命的輪迴、生命的本體、生命的來去，以及靈界和法界中的靈子的層次與狀態。

從科學的角度來說，物理學家認為，宇宙間充滿了肉眼看不到的最小的物質，就是各種粒子，如光子、電子、質子、中子、原子等。林雲大師則是認為，從靈學的角度來說，宇宙間除了各種粒子以外，還存有肉眼看不到、目前科學也無法偵測到的意識能量，林雲大師稱之為「靈子」，也就是「宇宙意識」。

前章提到過，「氣的本質」（簡稱「氣」）是一個生命體真正的生命力，也就是生命的本體。當這個生命體的所有生命跡象停擺時，也就是肉身死亡時，體內的「氣」再也無法帶動肉身所有的活動，便只好捨棄這具肉身而去，回到宇宙。在宇宙間的「氣的本質」，也就是「靈性意識」，雖然沒有形體，但仍然有意識，仍然是一個意識能量體。此時，便稱之為「靈子」。

因此，「氣的本質」和「靈子」，實為同一個生命體的兩面，是同一個意識體、同一個「靈性意識」，但是有兩種不同的存在形式，就好像一枚銅板的正反兩面一樣。「靈性意識」是每一個生命都具有的、唯一的、不生不滅的、永遠存在的意識能量體。不論這個「靈性意識」在身體內的深層意識中，或是在身體外的宇宙間，都是一個有認知、有感知、有意念的意識體。

在林雲大師的理論中，當「靈性意識」存在於一個生命體內時，稱之為「氣」，當「靈性意識」存在於宇宙間時，稱之為「靈子」。一個生命體的「氣」和「靈子」是同一個「靈性意識」，只是在不同的時空中呈現了不同的生命形式而已。生命形體消亡後，肉身中所有的感官意識會逐漸消失，只有靈性意識仍是清醒的，它會離開肉身回到宇宙間。簡單的說，一個生命體的出生前和死亡後，便是「靈子」在宇宙中飄遊的時候。因此，在宇宙間的「靈子」就是一個宇宙意識，屬於集體宇宙意識群的一部分。

在宇宙間，靈子是無形的，較高層次的靈子有時會以光的形式顯現。因為不再受到肉身生物體的框架限制，靈子的能力高於凡人，它沒有感官感知的設限，也沒有時空的障礙，意念一動即可以去到想去的地方。層次高的靈子能知曉更廣泛的知識，也具有更高的靈力。而層次低的靈子可能所知有限，甚至會處在一個受苦的維度中。

在靈界，靈子與靈子之間是以意念相互溝通。而靈子和人類的溝通則非易事，因為所處的維度空間不同，我們看不到也聽不見靈子，但是靈敏度較高的人可以感受到它們的存在。

「靈子」是如何投生的？

前面章節中提過，我們的「靈性意識」裡貯藏著無始劫以來的業力，業力包含了無數過去世以及這一世的善業、惡業與不善不惡的無記業。在死亡後，宇宙間一般的「靈子」並不具有自由選擇何去何從的能力，它們會由於累世的業力與各種因緣，或僅是跟隨剎時間突如其來的機緣，不由自主的投生於六道中的其中一道。

若是「靈子」進入一個動物的母胎內，就會降生在動物道。若是進入人體的母胎內，便會有難得的人身。因此，在宇宙間飄遊的「靈子」，都是在等待並尋找進入下一個生命體的機會。「靈性意識」的不斷遷移，造成了生命不斷的流轉，這便是所謂的「輪迴」。

佛陀認為宇宙是多重的，按現在的名詞來說就是平行宇宙觀，認為宇宙是同時存在著許多不同維度的空間。而無限量多的靈子，便存在於多重宇宙間各種不同維度的空間中。無數多的靈子有著各種不同的層次，層次的高低則是以修持力、修為和累積的善業而定。因此，我們可以簡單區分，在宇宙間，最高層次的宇宙意識，也就是修持極高的靈子，祂們所處的空間稱之為「法界」；而在六道中不斷輪迴的靈子，他們所處的空間稱之為「靈界」。對於最高層次有高度修持力的靈子，不同的宗教或信仰賦與了不同的名稱。佛教稱之為「佛」或「菩薩」，眾多的菩薩又按修持的功力分成許多不同的階位。

靈子的狀態也各不相同，有冤屈受苦的，也有安逸自在的。正如同人世間的生命，從享福到悲慘，形形色色。「靈子」與「氣」是一體的兩面，在人世間的生命有各種不同的背景與命運，在靈界的靈子也就有各種不同的層次與狀態。

不同層次靈子的投胎轉世，就會有各種不同的情況。按照佛教的業力律和因果法則，善業多者會往生上三道，惡業多者則會墮入下三道。但是，根據林雲大師「靈子說」的理論，靈子投胎並非完全按照絕對的因果法則與因緣來分配，會有很多例外的時候。當靈子找尋投生機會時，也有可能隨機闖入任何一個母胎而投生。靈子在宇宙間停留的時間並不是固定的，也就是說，每一個靈子等待投生的時間是不同的。有的可以短至死亡後立即有機會投生，也有的等待時間長達至無限期。

我們觀察人世間會發現，有些人的表現或狀態難以了解，無法以醫學解釋，也無法套入任何一種邏輯。然而從靈子輪迴的角度來看，雖然無法以科學方法驗證，但是可以做出比較接近的解釋。譬如，有些人天生就有缺憾，他們的身心狀態無法納入正常人的生活軌道，像是嚴重的自閉症，或嚴重的妥瑞氏症，或先天嚴重的智障等。他們有可能是因為過去世是在動物道中，這一世雖然上生人道有了人身，但是由前世帶來的動物之氣，無法完全適應人體的身心機制，因而造成嚴重違和感。也有些人看起來正常，但終其一生與社會人群格格不入，極有可能是因為過去世的生活就是與社會非常脫節的。還有些人與六親十分疏離，可能是因為在過去世中就沒有任何因緣連結。有些人終生無私奉獻、利益人群，他們有可能就是菩薩們在人間的化現。也有些人終生為惡、惡貫滿盈，可能就是從地獄道來的，即使此世為人，惡性習氣仍然存在於意識之中。還有些人經常終日發呆，無所事事，生活沒有重心，人生漫無目標，有可能是因為從過去世帶來很重的無記業。

若是一個人累積了很多的善業福德，在這一世的生命結束後，「靈子」會從「人道」上升到「天道」。在天道中，生活極其快樂，沒有有任何煩惱憂苦。但是在福報享盡之後，就會再墮入輪迴之中。輪迴就代表了必須經歷生、老、病、死的苦，也必須承受世間種種的憂患和煩惱。

若修行人具有高度的修持力，他的靈性意識修持到很高的境界，在靈子離開肉身回到宇宙後，就能夠以修持力上升到菩薩的境界，煩惱業力寂滅，超越生死，不會再墮入六道輪迴之中。靈性意識得以安住法界，那是永恆的寧靜，也就是所謂的「涅槃境界」。

生命的來去就是靈性意識的來去

那麼，宇宙間的「靈子」何時進入生物體內？又何時離開身體？在生命體中的「氣」會隨時離開身體而回到宇宙成為「靈子」嗎？

林雲大師的「靈子說」認為，在精子和卵子結合的一剎那，即提供了靈子進入這個受精體的機會。有了靈子的進入，胚胎才有了生命，因為「靈性意識」才是一個生物體真正的生命力。有了生命力，胚胎才會逐漸發展成胎兒。換句話說，一個新生命的誕生，除了精卵的結合，還必須要有一個靈子的投入。沒有靈性意識在胚胎內，就不會有生命的形成。新生胎兒的降生，就是一個靈子在輪迴中又開展了另一個階段的生命歷程。

如果懷孕期間因為某種原因，靈子離開母胎，胚胎失去了生命力，就會造成胎兒「流產」的現象。在懷孕期間，也有可能會有另外一個靈子強行撞入，把先前進來的靈子撞走。因此懷孕期間希望胎兒穩定，在醫學上和民俗上都有「安胎」的方法，而從靈學角度按照「靈子說」的解釋，「安胎」就是要安定「靈子」能夠安穩的停留在母胎中，不要讓它離開。

當人熟睡或昏迷不醒時，體內的「氣」不一定是休息或靜止不動的，「氣」可能會暫時離開身體到各處轉悠，爾後會自動回來。但是，當突發致命意外事故時，如車禍、謀殺、高空墜地等突如其來的驚嚇或撞擊，也會讓「氣」瞬間飄出體外。或是久病臥床乃至臨終之際，由於身體極度虛弱，「氣」無法帶動身體行動，它也會進進出出身體內外。一旦生命走到盡頭，體內的「氣」再也無法帶動五臟六腑、大腦、四肢等運作，「氣」就會離開身體。「氣」雖然在身體之外，但有時並未立即意識到自己肉體的死亡，仍會反覆回到肉身，嘗試帶動自己的身體。

在傳統民俗文化中，人在亡故後落葬前，都要有所謂的「停靈」，將棺材放置家中廳堂數日後才予安葬，後世之人多半未解其意，僅是按習俗照章行事。然而古人必定累積了不少經驗，認為亡者有「死而復生」的可能。這種現象便顯示靈子剛離開肉身後的意圖。靈子在認識到肉身已經死亡的事實前，會不斷嘗試去帶動「大體」，希望還能夠像往常一樣繼續帶動肉身活動。若真的能夠再帶動肉身時，就是民間所謂的「還魂」或「死而復生」。

靈子之所以這麼做，是因為這個肉身畢竟是它這一世居住已久的房子，不捨離去，也顯示了靈性意識是多麼強烈的認同它的肉身。因此我們可以知道，一個靈子對它的肉身是非常依戀的，是非常不願捨棄曾經寄存的身體而輕易離去的。

有一部受歡迎的老電影《第六感生死戀》，「靈子說」恰好說明了劇中男主角在肉身死亡後，他的「靈子」的狀況。男主角因為突如其來的意外事故身亡，他的「氣」瞬間飄出了體外成為「靈子」。他的「靈子」看到自己的身體躺在血泊中，一時間沒反應過來究竟發生了什麼？「靈子」看得到世間所有的情況，也聽得到所有的聲音，但是因為「靈子」在另外一個維度空間，人的肉眼看不到它的形像，耳朵也聽不到它的聲音。在電影裡，我們看到了男主角「靈子」的錯愕、慌亂、焦急、驚怖和悲傷，因為怎麼也帶不動自己的身體，也無法與人溝通。在尚未意識到自己肉身已經死亡之前，不解為什麼大家都不理他？直到男主角的「靈子」認識到並且接受死亡的事實後，才知道陰陽相隔，無法再與陽間的親人溝通。但是因為「靈子」不捨在世親友，會依循生前的生活習慣，依然在親人身旁、家中或是熟悉的地方打轉。

「靈子說」的理論很清晰的界定了「靈性意識」和肉身的切割性。身體內的「氣」（靈性意識）因為帶不動身體，有時會暫時離開身體飄出體外，譬如熟睡、重度昏迷、瀕死之際、臨終前及死亡後。「靈性意識」在身體內時，肉眼和科學儀器無法偵測，一般人也不會認識或感知它的存在。當身體死亡後，「靈性意識（靈子）」才發現再也無法帶動肉身，再也回不去已經習慣的生命裡了。此時，「靈子」是非常失望、失落和悲傷的。

民間習俗中，對已故親人乃至祖先有種種祭拜儀式，表達對逝者的禮敬與悼念，也祈求逝者或祖先庇佑在世的家人親友。而祭拜背後靈學的含義，就是對亡者靈子的一種撫慰，讓它們知道，它們是被尊敬和懷念的。民俗中的中元普渡，除了在家中祭拜祖先和所信仰的神祇之外，也會在戶外祭拜靈界的靈子。所謂的「超渡」，就是提供對靈界靈子的一種幫助，希望它們得到祈福或供品後，在心理上能夠滿足安慰，可以安逸地去到更舒適的維度空間。

靜坐修持靈性意識會開啟我們對靈性意識的感知，會擴展並提昇靈性意識的能力與靈力，會讓我們越來越清晰的將靈性意識與肉身做區隔。有一天，當靈性意識不得不離開肉身時，藉著修行與修持的努力，淨化的靈性意識帶著累積的福德，會沒有眷顧的離開這一生暫住的皮囊，平靜的去往更舒適安逸的另一個維度空間，那裡，被稱做是「天堂」，或是「極樂淨土」。

「靈子」的投胎轉世

那麼，飄遊在宇宙間的「靈子」何去何從呢？它們的去向是根據每一個靈子個別的狀態和不同的情況而定。一般來說，靈子都是希望投生到上三道，也就是六道輪迴中的天道、阿修羅道、人道，並且避免墮入下三道，也就是畜生道、餓鬼道、地獄道。但是靈子的投胎轉世，並不一定按照靈子所願，也沒有一定的規則或模式。中國的民俗文化受到佛教思想很深的影響，認為來世是根據前世業力和今生的業力、因果、因緣、福德、善緣孽緣、討債還債，加上複雜糾葛的人際關係等等來決定。而林雲大師的「靈子說」則認為，上述各種因素僅為原則，因為靈子投胎有時是隨機的。我們若觀察人世間很多實例，就可以知道，很多靈子的投胎轉世是在原則之外的。

以下是許多真人真事的其中一個實例，藉著這個實例，更容易了解「靈子說」的理論。一九八二年，作家柏楊先生應邀至馬來西雅吉隆坡演講，透過當地媒體朋友介紹，認識了生而不幸的張四妹。之後，柏楊先生撰寫了上下兩篇專文《穿山甲人》報導，發表在當年的《中國時報》❶上，於是張四妹的故事轟動社會。摘要簡述如下：

「一九四八年某一天，在馬來西亞聯邦森洲淡邊村，一位貧苦農夫張秋潭先生正在他那小小的果園耕種，忽然看到一隻穿山甲跑過，去捉它時，它卻跑進山洞裡。孩子們和懷孕四個月的妻子也聞聲而來加入捉捕。他們在洞口架起木柴燃燒，企圖用煙將穿山甲燻出來，結果始終未見穿山甲蹤影。

五個月後，一個可怕的『穿山甲女嬰』呱呱落地了。嬰兒渾身鱗甲，樣貌十分醜陋怪異，就像隻穿山甲，震驚了所有人。驚恐的村民要求張家交出怪物，免得禍延全村。張家將她藏匿在一個斗室中，對外則謊稱嬰兒已經死亡。父母將嬰兒命名為張四妹，從出生起，她便一直過著不見天日的陰暗生活，父母沒有財力為她治病，也無法讓她接受教育。

終於在一九八二年三月，張四妹無意中被人發現。所幸三十多年後，人們的知識水準與文明程度提高了不少，同情取代了無知的恐懼，人們容許了她的存在。」

柏楊先生當年的文章引起台灣媒體和民眾關注，不少善心人士紛紛捐款，贊助張四妹到台灣治病。迄今為止，已經六度赴台就醫治療。柏楊先生真可謂是她生命中的貴人。

這個實例也證實了靈子的投胎雖然有其原則性，但是也有其隨機性。穿山甲在被圍捕煙燻後，無疑死在洞穴裡。它的「氣」離開身體後成為「靈子」，因為不再受肉體限制，而具有較強、較多、較自由的能力。穿山甲的「靈子」

飄在空間，看到懷孕的婦女，立即捕捉這一個投生機會，猛力衝進母胎，撞走了原來在母胎裡胎兒的「靈子」。這個穿山甲的「靈子」，從死亡到投生幾乎是在瞬間發生。不幸的是，生出的嬰兒雖有人的身體，卻帶著前世生物體顯著的特徵，顯而易見，嬰兒就是穿山甲轉世。這樣的現象，「靈子說」的理論就能提供最合理的解釋。

其實，動物投生人道的例子比比皆是，或多或少都帶著前世動物體的特徵。由於不能夠充分適應這一世人體身心的構造，就會造成先天生理上、智能上或是習氣上的缺陷，與正常人有異。以張四妹為例，她的相貌與生理特徵，就與前世穿山甲的相似度出乎尋常的高。

因此，在林雲大師駐世時，都會勸告懷孕的母親，不要接近或看到死亡的動物，就是為了避免動物的靈子撞入母胎。

「借屍還魂」的真人實例

這是個借屍還魂的真人真事，也是「靈性意識」進出人體的有趣實例。了解「靈子說」的概念後，就能完全了解這個真實例子的所以然。

二〇一八年六月六日台灣《自由時報》❷報導一則消息，「轟動一時的雲林縣麥寮鄉『借屍還魂』傳奇的主角吳林罔腰女士於五月二十三日辭世，享年九十七歲，流傳一甲子的奇談畫下句點，也再度勾起地方議論。」

整個「借屍還魂」故事的來龍去脈，當天東森新聞電子版❸有非常詳細的報導，轉述如下：

一九四九年，當時三十七歲體弱多病的婦人吳林罔腰，身患重病氣若游絲，在親友鄰居的目睹下一度闔眼，也停止了呼吸。但不久後竟然恢復心跳，醒來之後完全不認得身旁的家人親友，卻自稱是從金門來的十七歲少女朱秀華，借吳姓婦人身體還魂。家屬起先無法置信，以為吳林罔腰精神失常，打算將她送至精神病院，但是朱秀華堅稱她沒有病。

根據她自己的口述，由於民國四十七年的八二三砲戰，她的父母朱清、朱蔡蕊夫婦帶著她準備搭漁船離開金門，但是途中雙親不幸被砲彈擊中身亡，她逃至另一艘漁船離開。但是才駛離金門沒多久，這艘漁船也被砲火擊中。她與其他幾位難民在船上載浮載沉了三、四天，隨著毀損的漁船，漂流到雲林縣台西鄉五港村外海的海豐島。

朱秀華說，當時船上的人都死了，只剩她奄奄一息。有五、六位岸上漁民發現她，原以為自己終於獲救，不料漁民起了貪念，不僅劫財還要害命。她苦苦哀求，願意奉上所有財物，但是漁民們擔心洗劫財物後東窗事發，便將她推到海裡任其溺斃。其中一位漁民林清島一度想挺身相救，卻遭同伴們痛毆成傷。

朱秀華死後成為孤魂野鬼，在靈界也結識了一批孤魂野鬼為友。由於她不忍為惡，靈界好友們便代其復仇，附身在那幾個漁民身上，讓他們失常發瘋，並且自曝殺人劫財惡行後跳海自殺。「借屍還魂」一事轟動全台之後，曾力阻劫殺的漁民林清島也現身受訪，證實確有此事。

據朱秀華自述，溺斃後的她，魂魄漂流於海豐島，遇見當地的五條港安西府所供奉的張尊王、李鄴侯、莫將軍等三位千歲王爺，正好奉天命出巡。她向王爺們哭訴，王爺們聽後大怒，讓她在海豐島暫居等待機會。一年後，地藏王菩薩降臨至安西府，認為她陽壽未盡可以借屍還魂，設法幫她重返人世。三位王爺得知當地一家建材行老闆吳秋得的太太吳林罔腰壽命已到期限，不久將離開人世，於是指示朱秀華可借其屍還陽。

吳林罔腰原本是一位不識字的中年婦人，復生後變成能讀能寫，還熟悉會計，連原先說話的口音也從「海口腔」變調為「廈門腔」，還能說流利國語。她的行動姿態舉止都變得像少女一般，飲食習慣也完全改變，從葷食轉變成茹素，也從原本善於烹調變成不會下廚，身體變得健康硬朗，甚至能做粗重的工作。但是，朱秀華在受訪中多次提及，她因為是借了別人的身體，好像居住在別人的舊屋中，因為身處陌生環境，身邊都是陌生人而感到不自在，無法完全適應。

「借屍還魂」的奇聞不脛而走，迅速傳遍全台，大批海內外媒體紛至採訪，也有數名精神病醫師來做檢查，看看是否精神失常，結論都是「精神正常」「科學無法解釋」。中央政府和地方政府也派人員前來關切❹，連星雲大師於一九六一年亦曾親訪，並命弟子將朱秀華的故事撰文，刊登在佛光山的《今日佛教》雜誌上。這個轟動的事件也曾拍成電影❺和好幾個電視節目特別報導。

吳林罔腰以九十七歲高齡壽終正寢，離世前告訴醫生：「時間到了，我要回家」，隨及撒手人寰，距離朱秀華還陽時間正好整整六十年。

以上「借屍還魂」事件，就像「輪迴」和「瀕死經驗」一樣，都無法以科學解釋，但卻能夠以林雲大師的「靈子說」和「氣的理論」來說明。

人在久病臨終之際或死亡後，「氣」（靈性意識）會進出身體或離開身體，在空間飄遊。此時的身體正如一間空屋，別的靈子就有趁虛而入的機會。於是，朱秀華的靈子懷著強烈投生的渴望，進入吳林罔腰的身體，佔據並帶動了她的身體，而吳林罔腰的靈性意識也就從此再也無法回到原來的身體內了。由此可知，真正帶動肉身活動的生命力就是「靈性意識」。朱秀華的靈性意識佔據了吳林罔腰的身體，因此，言行、舉止、習慣、思維、回憶、大腦的活動、內在的心識作用等等，都是朱秀華生命的展現，已不再是吳林罔腰的了。

由此我們也可知道，靈性意識不只是生命力，也主導身體中其他所有意識，包括眼識、耳識、鼻識、舌識、身識、意（念）識、自我意識、潛意識等，也就是說，所有感官意識、表層意識、深層意識和最深層微妙意識，皆受靈性意識統攝。

在缺乏科學的驗證下，很難從科學角度解釋各種形形色色的生命現象以及不同的生命形式。但是，根據林雲大師「靈子說」的理論，尚能依循一個軌跡，來解釋生命的來去及生命存在於空間不同的維度中。我們絕無輕視科學之意，科學和其他人類的任何知識一樣，都是對宇宙實相的一種認知，只是方法與論定不同。儘管科學被認為是檢驗實相的重要工具，儘管科技不斷進步，但是對於人類生命和宇宙意識的許多現象，以及對於一些智者或修行成就者不可思議的先知灼見，因為目前的科學無法驗證，也就無法給予我們有科學依據的答案了。

科學開始對靈性意識展開研究

二〇一八年二月十八日出刊的《新聞週刊》雜誌（Newsweek）網頁上，刊登了專欄作家卡斯塔妮亞·馬那諾一篇名為《死後你會去哪裡？越來越多跡象顯示人類意識在死亡後仍然存在》的文章❻。文章中訪問了山姆·帕尼亞醫生❼，帕尼亞醫生說：「人的心臟停止跳動後，細胞並不會立刻死亡，細胞甚至更具有適應力，這與我們以前科學界所了解的不同。」從帕尼亞醫生的研究中有越來越多證據顯示，人體被宣告死亡之後，意識並沒有立刻廢止或消失，仍然看得到意識的活動，他說：「至於意識會停留多久，我們目前的研究還不足以下定論。」

二〇一八年七月二十四日，在美國「新奇事」（runwonder.com）網頁上，貼出一篇標題為《科學家發現靈魂不死——它會回到宇宙》[8]的文章，文中提及好幾位科學家對此議題所做的研究發現。任教於美國亞利桑那州大學麻醉學與心理學系的物理學家及榮譽教授史都華．漢若夫博士[9]，以及任教於牛津大學的數學物理學家羅傑．潘若斯爵士博士[10]，均認為靈魂是在腦細胞的微管中。當死亡發生時，腦細胞的微管會喪失其量子狀態，但是微管中的量子信息（quantum information）並不會被銷毀，而是被釋放到宇宙並停留在宇宙中。這個「量子信息」就是無限永恆的靈魂。同時，他們認為靈魂是創世之初即存在的一種物質。

在同一篇文章中並提及，位於德國慕尼黑世界知名「麥克斯．普朗克物理研究所」[11]的科學家們認為，物質世界只是我們內心的認知與覺受。當肉身死亡時，我們唯一能經驗到的就是死亡後的無垠無限。科學家們認為，人們活著時，會將自己所處的「此時此地」視為物質世界的一部分，事實上，物質世界並非永久存在，而我們的生命卻是永久存在於宇宙間，並且我們這一世的生命已經為來世所包含。當肉體死亡後，靈性的量子信息會一直存在，因此，就某個層面來說，我們真正的生命是永久存在的。科學家們所指靈性的量子信息，應該就是我所說的「靈性意識」。

麥克斯・普朗克生物物理化學研究所[12]的克里斯提・赫爾威博士（Dr. Christian Hellwig）進一步認為，「我們的思維、意志、意識和感受，都是精神靈性的一部分。從靈性的本質上來看，基本自然科學是難以與靈性直接互動的，然而，神奇的是，靈性的一些特質卻與量子世界的現象不謀而合。」這大概就是為什麼量子物理學家對靈性意識最感興趣的原因之一吧！

---

❶ 刊登於一九八二年七月十二日與十三日的《中國時報》上。
❷ 二〇一八年六月六日《自由時報》記者林國賢的報導。
❸ 二〇一八年六月六日ET today新聞記者柯沛辰綜合報導。
❹ 一九六二年三月十七日《徵信新聞》報導。

❺ 一九八一年講述朱秀華事蹟的電影《借屍還魂》在台北上映，由胡因夢、梁修身主演。

❻ Kastalia Medrano: "Where do you go when you die? The increasing signs that human consciousness remains after death"

❼ Dr. Sam Parnia, Director of Critical Care and Resuscitation Research at New York University Langone Medical Center

❽ 該篇報導的英文原名為："Scientists found that the soul doesn't die – It goes back to the universe"

❾ Dr. Stuart Hameroff, physicist and emeritus professor of anesthesiology and psychology, University of Arizona

❿ Sir Roger Penrose, mathematical physicist at Oxford University

⓫ Max Planck Institute for Physics in Munich, Germany

⓬ Max Planck Institute for Biophysical Chemistry in Gottingen, Germany

第六章
修行的道路

修行的功課，一是轉化內在，二是修持靈性意識。

修行不需要出家遁入空門或深山獨坐，也不需要與社會脫節，更不需要隔絕我們所愛的家人、親友、家庭、工作與愛好。修行不是放棄原本所擁有的生活，也不是為了逃避現實，更不是消極的虛無主義。修行是修持我們的靈性意識，充實精神生活，規範我們的言語、行為、態度。修行是放下錯誤的堅持，出離對煩惱的執著，使我們的身心獲得安頓，感受到生命的提升。修行是在我們日常生活中自然而正常的進行，是要將它成為我們生活方式的一部分。

修行與內在轉化並轡而行

「修行」與「內在轉化」是並轡而行的雙頭馬車，並駕齊驅，相輔相承。內在轉化是修行的一個環節，而修行則是內在轉化的煉金石，兩者是生命覺醒的同一條道路。

「修行」是古老東方提升靈性生命的修煉方法，不僅創造了精神文明進化的契機，也是對人類心靈救贖無比的恩賜。幾千年來啟迪了無數人步上修行之路，也造就了無數修行的大成就者。從古至今，幾千年前就有的修行方法不斷傳承，又從東方傳到西方。

在現代科學和科技高度發展的世代中，修行的道路更受到人類重視，足見現代人在精神壓力下，是多麼渴望飽受紅塵煩擾的心能夠安住寧靜。冀望藉著修持心性來安頓身心，讓生命體驗意義感與幸福感。

若是要界定「修行」，我會說：「修行就是依循正確的知見和靜坐的方法，不斷規範自己的身語意；不斷修正自己的認知、覺受、思惟、念頭、言語、行為和態度；不斷清理自己的負面情緒、負面念頭和負面能量；不斷淨化、擴展和提升自己的靈性意識。」修行的過程就是一個淨化生命的過程，是去濁存清、去蕪存菁、轉煩惱為菩提的過程，也是靈性意識進化的過程。

我們除了了解內在世界的結構，還必須走上修行的道路，才能促成內在的轉化。在內在轉化的過程中，修行可以幫助我們打破慣性模式，重啟新的模式軌道前進；可以幫助我們洞察內在深處無意識的或直覺式的起心動念；也可以幫助我們捕捉負面思維和負面念頭並消融它們於當下。我們的言語、行為、態度也會隨著修行導向正面。只有走在修行的道路上才能更加深入內在，澈底洞悉內在，培養正確堅固的覺知，加速內在的轉化。

因此，修行不是止於信仰，也不是在於唸哪一部經，而是在於修持我們的內在世界，修持完整的心性，以及修持深層的靈性意識。唯有經過修行才能深化正確的知見，將其培養成為真正的「覺知」。我所謂的「覺知」，並不是一時的領會或體會，驚鴻一瞥似的掠過心靈的水面，而是認真地將啟迪心靈的教化與知見、學習到的行止規範、深刻思考觀照後的心得、內心曾受到感動的智慧話語等等，都深植內化於心。在日常生活中，要將每一個內化的「覺知」付諸於身語意，破除舊有的思惟和反應模式，脫離舊有的習性軌道。有種種付諸實行的「覺知」，才會有日後種種真正的「覺醒」。

「修行」便是學習如何將教法融入日常生活中。唯有經過有覺知的修行，才能幫助我們將教法的知見聽聞及所思所想，加上種種觀照體悟，體現於日常的思維、言語、行為、態度中，讓我們在生活中不論一切時、一切處，都能一切如法。修行的功夫也是自律的功夫，是一個心靈的高度，也是生活行為的準則。太虛大師說：「仰止唯佛陀，完成在人格」，便說明了日常生活中的行持對修行者的重要性了。

修行是修持自己的心性，並不需要成為佛教徒。但是佛陀的教法就是一部修行集大成的寶典，是非常值得學習的修行指導。

只有走在修行的道路上，我們才會遇見更好的自己。

修行與外境——藉境修心

修行絕非一蹴可幾，也不是看到幾句「於我心有戚戚焉」的心靈雞湯，就能達成修行的目標。有時我們會覺得有所啟發或是有所領悟，但是，當遇到任何外境中不合我意的人事物時，有時僅僅只是對方一句話、一個舉動，甚至只是一種想像的猜疑，脆弱的自我尤其是所謂的「玻璃心」，會立刻覺得受傷而感到憤怒。我們對外境的負面感受，不論是自我防衛或是自覺傷害，都會牽動負面情緒，此時，所有的啟發、體會、領悟和心靈雞湯早已被拋諸腦後，而自我意識的防衛機制依然慣性的立刻啟動，發揮作用，結果就是讓負面的思維、念頭與情緒，控制了我們的身心。這樣的修行就會是一條非常遙遠的道路。

我們的煩惱、壓力、沮喪、苦悶、焦慮、憤怒、悲傷、痛苦、恐懼等等，這些令人不快的情緒作用，幾乎都源自於外境中的人事物及一切的發生。我們往往因此而責怪外境，卻忽略了外境只是煩惱痛苦的原因，並不是解決我們內心煩惱痛苦的方法。處理負面情緒必須仰仗內在的轉化，內在的轉化就是修行的功課。

修行的功課，就是要去學習如何在紛擾的外境中，修持到擁有持久穩定、平和、寧靜而又強大的內在，能夠勇敢面對外境中帶給我們的紛擾、煩惱和痛苦。同時，在修行中所產生的智慧和慈悲，又可以幫助我們找到更妥善圓融的方法來處理問題。佛家所說的「逆增上緣」，就是要把一切逆境變成修行的助緣，要把逆境當做我們進步成長的作業。廣泛來說，外境中一切不合我意、不如我願、非我所愛的種種發生，都可稱之為「逆境」。

修行的道路建築在外境中，因此修行的過程無法脫離外境。外境中的一切發生都是我們修行作業裡的課題，也就是佛家所說的「藉境修心」。修行必須是在現實生活中具體的煩惱和痛苦中進行，然後體現於我們日常生活中身語意的成長與進步。若是離開生活談修行，那就會淪為空談了。

禪宗裡有一個有名的公案。六祖惠能在獲得五祖弘忍傳承衣缽後逃亡，潛藏了十五年，最後來到廣州的「法性寺」。當時風吹幡動，和尚們正議論著是風動還是幡動？六祖惠能上前說道：「不是風動，不是幡動，是仁者心動」❶。此語一出，立刻震驚四座。

沒有風，幡不會飄動；沒有幡，也看不出有風。究竟是風動還是幡動呢？即使如六祖所說「是仁者心動」，讀者或許會問：「若是仁者的心不動，風幡也仍然在動啊！」那麼，六祖說風幡沒有動，是什麼意思呢？其實六祖這句話背後的深意是：「風動和幡動都是外境中的發生，不論外境怎麼動，修行者的心不應該隨之而動。」這便是「心不隨境轉」的點化。可見開悟的六祖惠能的確有著與眾不同的慧根與境界。

對許多修行的大成就者們來說，外境的發生對他們已經完全不起作用。不論是順境或逆境，他們完全「如其所是」的接受現實，「如其所是」的傾聽不同的聲音，「如其所是」的容納不同的意見；而內心卻是如如不動，既無接受也無拒絕，一切的取捨，都是自然而然的「如其所是」，但又是那麼自然而然的「如法」。我們藉境而修心，才能對外境如其所是的接納，才能修持內心對外境的如如不動。這是自我意識的終結，也超越了所有二元對立，也就是我們修行所嚮往和追求的終極目標。

修行的功課

修行就是見、修、行的學習與練習。見是知見與見地；修是修持與實修；行是行持與行證。修行的功課就是在見、修、行三方面下功夫，從中不斷的累積福德資糧和智慧資糧。修行有方法、有次第、有層次、有境界，需要不斷的學習和練習。有心走上修行道路的朋友，平日應該做哪些功課呢？我歸納成下列幾項給讀者們參考。必須注意的是，所有的功課是要多管齊下並進並行的。

一、學習正知正見

在修行的道路上，我們需要正知正見做為核心價值，走往正確的方向、學習正確的知識、發展正確的見地、依循正確的方法。有了正知正見，才能啟發我們的正念正思惟，帶領我們成長進步，安全安心的修持。正知正見的選擇，最重要的是要能與自己的心靈契合，並且會在我們的內心產生意願去深入學習。有時，「緣分」會扮演使者的角色，帶領我們尋找，帶領我們找到最合適的修行依止所在。

若想認真深入修行，除了自修閱讀思考外，最好能夠依止一位具格的上師，獲得直接而正確的指導。不論是佛教上師或其他世界性宗教的神職人員或心靈導師。一位具格的上師，需要對修行有全面的了解，對人類精神層面有深入的洞察，有真正實修的經驗與體驗，並且有高尚的品德和修為。上師肩負傳道、授業、解惑的使命，能夠直接教導學生學習正確的知見與方法，指導學生培養正確的覺知，並且能夠引導學生在修行的次第和境界更上層樓。

在修行的道路上，僅是學習正確的知見是不夠的，如果沒有實際的修持，就會僅僅停留在知識層面上，而沒有深入到靈性意識中。

二、培養修行的覺知

學習正確的知見與方法後，還需要經過認真思考、思辨、觀照、檢視和檢驗的過程。為自己設定一個可以依循的模式，然後將之內化深植於心，做為生活中言語、行為、念頭、態度的準則，這便是我所謂「覺知的培養」。接著，我們需要把培養的覺知融入生活，否則覺知就很容易流散。

我們必須具備哪些覺知呢？譬如，我們覺察到自己需要破除的舊習，確立了相應的新模式，就應該要培養做為覺知。又譬如身語意十善業❷的規範、「六波羅蜜」❸和「四無量心」❹等，也都是修行者應該培養並具有的覺知。

培養覺知為什麼重要？因為覺知就是將正知正見付諸於身語意的一個連接力量。

我們需要培養很多覺知，讓覺知成為我們身語意的依循，也成為內在的老師，確定我們日常的言行及修行都走在正確的道路上。

三、**修持靈性意識：靜坐**

靜坐是修持靈性意識的唯一途徑。靜坐並非只是安靜地坐著，而是依循特定的方法，將心念完全專注於一境。所謂的「境」就是指觀想所緣之特定對象。靜坐冥想已有數千年歷史，源自古代印度瑜伽士禪修的方法。印度梵文稱做「禪那」（dhyana），意為「靜慮」之意，也就是修行者必須靜心息慮，將念頭集中專注。古代印度的瑜伽士認為，只有在靜坐時，宇宙的能量才能流入，能夠疏通堵住的氣脈與脈輪，打開智慧眼，降低自我意識。他們也認為，在靜坐中流入的宇宙能量，才能讓我們真正的放鬆，獲得平靜、健康、喜悅。最終能夠終結自我意識，讓生命提升至更高的層次與境界。

千年來的流傳，由於不同的宗教、不同的派別、以及修行大成就者們不同的證悟，靜坐已經發展出許多不同方法。然而，靜坐的原則並未絲毫改變，所謂不同的方法，只是在於靜坐時所緣之境不同而已。靜坐的原則，是要求靜坐者摒除一切雜念，熄滅一切散亂煩惱，放下對一切事相的分別和執著。而所緣之境，則是產生了各種不同的觀想對象，或是專注於呼吸、或是深入觀察身心的變化、或是觀察自己身心真實的狀況、或是深思佛法的概念與教義、或是深刻觀照佛法與外境的關係等等。而在密宗較高次第的靜坐中，則是依照法門要義，觀想各個不同的佛、菩薩、本尊、空行、護法、以及傳承中的根本上師等等。不論任何方法，皆要求靜坐者依照觀想的步驟，使心安住於定境上。

我很喜歡禪宗六祖惠能對禪定靜坐非常精要的解釋，他說：「外離相曰禪，內不亂曰定」❺。禪宗稱靜坐為坐禪，坐禪時需要內心安定。心不攀緣外境，出離一切事相，同時內心專注，攝心於平和之境。

在現代科學的研究下，證實了靜坐有益於身心健康，能夠舒緩精神壓力、沉澱身心、平靜心情、改變大腦的結構與功能、平衡大腦化學物質的分泌、調節自律神經系統、暢通體內氣脈運行等等。科學的研究與肯定，都是在科學儀器可測量的範圍之內，也就是說，目前的科學儀器只能證實靜坐對身心產生的變化，並無法偵測到靜坐對靈性意識的拓展與提升。也無法證實，經過靜坐的修持，靈性意識中潛藏的能量，能夠生起我們內在廣大的慈悲與無上的智慧。

只有在靜坐時，我們才能進入深層意識，也就是深入自我意識、潛意識及靈性意識。靈性意識的重要性，已於前章詳述。它是生命的本體，是在輪迴中不生不滅的能量意識體，在累世中主導著我們的命運，在這一世的生命中，又統攝我們所有的意識。靈性意識的擴展與提升的意義，在於可以撣掃覆蓋光明本體的塵埃，淨化靈性意識中累世的業力，改變因緣果報，剷除因業力而導致命運不幸的一些障礙。

另一方面，靈性意識的擴展，也會讓我們的內心生起真正的智慧與慈悲，使我們更加敏銳睿智、柔軟寬容、具有廣大平等的同情心和同理心。也幫助我們更容易放下對自我的執著，出離貪、瞋、痴、慢、疑，心性的五種毒素。有恆不斷的修持靈性意識，最終會使我們心性清明純淨，獲致持久穩定的平和、寧靜與喜悅，達到修行最高的境地。

經過日積月累長期的靜坐修持後，我們體內能量的通道，也就是數百條大小粗細的氣脈會越來越暢通，所有的脈輪會逐漸開啟，其中負面的情緒與負面能量會獲得清理，而體內的意識也會逐漸聚集於中脈。因此，我們生物面的構造也會開始產生變化，身體結構的分子密度會變得越來越細，分子震動的頻率也會越來越高。當我們身體分子的振動頻率與宇宙高層次意識的頻率接近時，我們的意念和祂們就會產生對流，能夠接收到祂們的訊息，獲得祂們指引與加持，那是極其殊勝而不可思議的體驗。

靜坐修持是完成內在轉化必須做的實修功課，也是修行者終生精進持續不斷的作業。最重要的觀念是：修行絕對不是能夠不勞而獲的。

◎初學者的靜坐練習

學習靜坐首要學習專注。初學靜坐最常發生的現象就是，一坐下來，一閉眼，腦中萬念其飛，心緒散亂，怎麼樣也無法排除雜念。我看到有的說法是，初學者就這麼坐著，就讓念頭來來去去。我深深不以為然。因為專注是有方法的，也是需要學習的，否則，靜坐時的專注是不會自然產生的。若是坐下來後心神昏沉、掉舉、散亂，那麼，美其名曰靜坐，其實只是徒然浪費時間而已。

觀察呼吸是一種靜坐的方法，也是現在全世界最盛行的「正念冥想」，對於初學者是很好的練習，只是有時仍然很難專注。我把練習專注與呼吸靜坐合併，可以收一舉兩得之效。靜坐時，只要把意念專注於一呼一吸的「緩慢速度」上，就會很容易集中所有的注意力。

◎專注呼吸靜坐法

靜坐者可以盤腿，也可以不用盤腿，或是採用舒適的坐姿即可。雙手持「靜心手印」，即是左手指交疊在右手指上，二個大拇指相觸做成一個圈型，輕鬆的放在大腿上。坐直閉眼，目光朝下看，眼觀鼻，鼻觀心，開始做極其緩慢的深呼吸，把意念集中在呼吸上。吸時用鼻，以極其緩慢的速度緩緩吸入；吐氣時用嘴，也是用極其緩慢的速度緩緩吐出。觀想你在仔細觀察呼吸的整個過程，觀察呼吸的速度有多麼緩慢，一面觀察一面想：「真的很慢」「我居然可以這麼慢的呼吸」「我可以讓呼吸再慢一點」「沒想到呼吸也可以這麼慢」「我很喜歡這麼慢的呼吸」等等。讓呼吸深入肺部和橫膈膜中，不停的觀察並體會呼吸極其緩慢的速度，也可以根據觀想來調整呼吸至更緩慢的速度。

靜坐時間的長短，可由十分鐘開始，日後慢慢加長時間。深呼吸不只幫助專注，也幫助大腦放鬆，並且舒緩身心壓力，釋放心中的焦慮鬱悶，以及去除體內負面能量。

能夠有專注的能力，才能進階學習下一階段的觀想修持靜坐法門。

四、日常的行持

知見和覺知如果只是停留在思維中，是沒有意義的，必須要能在日常生活中體現，才會看到自己是否有所改進及成長。在修行的道路上，平日的練習不論是靜坐修持或內在轉化都是在做日常功課，日常生活中的行持表現是考試的成績單，我們的成長與進步則是成績單上的分數。在覺知的提示和提醒下，我們應該於一切時與一切處，都要能注意日常生活的言語、行為、情緒表現和態度，是否一切如法，是否符合所培養的覺知。修行的成就不在於菩薩的果位，而是在於日常行持的體現。若是能以平常心如其所是的接受外境，如法的體現教法，這就是我們凡人在平凡的修行中所能獲得的不平凡的成就。

若是日常表現不盡如我意時，不要氣餒，只需要繼續保持覺知，持續練習，修行最重要的就是要持之以恆不間斷的練習。先從生活中小處著手，一點一點的練習，一點一點的改進。就如《荀子．勸學篇》中所言：「積土成山，風雨興焉；積水成淵，蛟龍生焉」，積少便能成多，尤其是在修行的道路上。修行沒有速成班，也沒有捷徑，修行的唯一訣竅就是練習，不斷的練習。而修行練習的表現，就在日常的行持中。

五、生起觀照的智慧

在佛法修行中所生起的智慧有三個層次：第一個層次是「文字般若」；第二個層次是「觀照般若」；第三個層次是「實相般若」。「般若」是梵文的翻譯，意指一種超越表相、通達事理、契入實相的智慧，有別於世俗一般理性、概念性的智慧。我認為培養觀照智慧的方法很值得我們學習。

因為，對外境的識別起觀照之心，是讓我們有機會去思考，如何以所學習到的正知正見和培養的覺知，來面對外境中的人事物，以及如何處理外境中的一切發生。也可以反過來思考，將我們對外境所反應的言行態度，來對照我們的知見與覺知，若有不符，就要調整我們的言行。觀照為我們搭起了一座思考的橋樑，連結了知見、覺知、和外境。

時時的觀照，會讓我們在二元對立的衝突中，一次又一次看到內在自我意識的主導。內在自我意識強烈時，我們只在意自己的感受，所有的念頭只從自己的欲求和期望出發，忽略了外境不會因為我們主觀好惡而改變的事實。對外境起觀照之心的練習，會讓知見與覺知即時糾正我們，喚醒我們對外境中人事物的關懷，並且換位思考，對他人產生同情心和同理心，也會提醒我們要以覺知中的責任感、忍耐、諒解、寬容、慈悲和智慧，來處理與外境的衝突。

在修行的道路上，一定要時時生起觀照之心。對一切人事物、一切的發生、一切的感受、一切的經驗、一切的現象，在經過不斷的觀察、深入的思考、反覆的驗證之後，會讓我們更清楚意識到，必須要出離只顧滿足自己意願的自我意識。具有觀照的智慧，內心才會對修行有更深的契合，也才能鋪墊通往究竟實相智慧的道路。

六、檢視內在練習轉念

修行追求的是內在的進步與超越，是與自己相比的進步，是優於昨日自己的超越。想要改進自己和優於自己，就必須要先了解自己，並且具備隨時轉念的能力。所謂的了解自己，並不僅限於個人表面的言行、好惡、想法、看法、評論等，而是需要更深入了解自己內在的世界與內在的心識作用，尤其是負面的感受與負面情緒的產生。要了解最真實的自己，就要對自己進行深刻的觀照與檢視，去挖掘自己的負面感受、情緒、思維、觀點、個性、評論等等的根源。要到根源處才能夠了解自己最真實的狀況，也只有在根源處，才給我們重啟念頭的機會，猶如絕處逢生。我們在根源處上練習轉念，做澈底轉念的功課，建立新的念頭、新的反應模式，培養覺知，然後將覺知體現在日常的言行、態度和作為上。

練習轉念最有效的時機，就是在負面情緒的根源處，也就是起心動念處。如果不是在起心動念處轉換的念頭，通常是不穩定的，也難以持久的。當負面念頭轉換成正向念頭後，面對同樣的外境就會有不同的解讀、想法、心境、情緒反應、應對態度及不同的處理方式。

能夠掌握越多負面情緒的起心動念，就越能夠在負面念頭升起的剎那快速捕捉到，有了轉念的功夫，就可以在捕捉的當下，消融負面的念頭。

七、勇於改變

即使是渴望往更好的方向改變，渴望成為更好的自己，有些人卻很難跨出改變的一步。我觀察原因不外有三：

（一）不相信改變後會成為更好的自己，不認為有改變的需要。
（二）改變後何去何從？只要理智心看不到的，皆不予採信。
（三）缺乏改變的勇氣，對於尚未經驗過的未來，感到恐懼。

害怕改變或拒絕改變，也顯示了內在負面能量大於正面能量。正能量的人能夠檢討、檢視、改正自己，並且覺得改變可以讓自己活得更好。我經驗過有很多人不願意改變或拒絕改變。執著於自己的慣性模式，並且極力維護，為自己的慣性模式不斷的辯解。的確，想要覺醒，就必須先承認自己在沉睡中。

其實，改變不會造成動盪不安，相反的，改變是為了要得到持久穩定的平和。改變也不需要等待千載難逢的機會降臨。當我們學習到正確的知見與方法後，就可以嘗試去練習，擺脫舊有的、一成不變的思維與習性，重新為自己打造一個新的模式、新的活法。

在我的學員中，也會看到一些令人欣慰的例子。走上修行的道路後，努力靜坐修持，進行內在的轉化，不知不覺中就已經潛移默化的在改變著自己。原本害怕改變或拒絕改變的人，看到自己的改變後，才意識到自己已經改變了，變得堅強、穩定、正向、快樂。若是能夠勇於改變、積極改變，成效會來得更快更好。

八、氣的調整

從「氣的理論」來說，心情低落的人、極度沮喪的人、挫折感重的人、精神萎靡不振的人、運氣陷落低谷的人、或是久病不癒的人等等，體內的「氣」都是偏低或是很低。氣低沉的人，對自己缺乏信心，對生活缺乏動力，對外境事物缺乏興致，甚至對自己有利益的事都不想去做，更不用說是專注在修行上了。

對於氣低沉的人，一定要先提升氣。氣提起來之後，身心狀態穩定，氣在身體內的流動與分布比較均勻，才能帶動體內能量，從事正常活動，也才會有餘力進一步轉化內在、改變自己。氣低的人或是自己認為有需要的人，應該經常做第四章所述的「吐納術」和「大日如來」以提升體內的氣。

九、養成閱讀的習慣

閱讀一本好書，不啻是生活中給自己最好的禮物。每每在閱讀一本能增長知見、啟發思考的書時，便感覺欣喜不已，也非常享受這種欣喜。

科學也證實了閱讀對大腦的影響類似靜坐。在專注閱讀時，腦波的平靜猶如靜坐時的冥想狀態，同時也會分泌體內快樂情緒的腦內啡（Endorphin）。

閱讀一本好書，對於我們的修行有提醒、提示和督促作用，能夠增廣自我檢視的角度，啟發觀照的智慧，也能夠幫助我們生起見賢思齊之心。十九世紀法國大文豪雨果曾說：「書籍就是造就靈魂的工具。」的確，知識像水，灌溉我們內心耕耘的一畝方田；知識也像營養，滋補我們內心成長所需要的養分。

若是平日沒有閱讀的習慣，不要著急。先挑選一本自己有興趣的題材，試著每日閱讀半小時。接著再選第二本閱讀。只要能持續，漸漸就會知道如何選擇啟發思考、增寬思維、於我心有戚戚焉的書了，也會越來越渴望從書中汲取智慧的營養。

修行的挑戰

修行的道路可能滿佈荊棘，也可能處處有絆腳石，甚至總是在摸索，感覺不得其門而入。修行也一定會受到挑戰，挑戰來自兩方面：一方面是來自外境的不順與衝突，另一方面則是來自內在的懈怠與退心。

外在的不順與衝突是永遠存在的，但這也就是我們要修行的原因。不要忘了「藉境修心」的原則，外在的不順與衝突就是我們每天的修行作業。在積聚了一些修行的功夫後，我們的內在逐漸平和、強大、安定，外境的二元對立就會在我們的眼裡相對縮減，在我們的內心逐漸消失。

修行更大的障礙其實是來自內在的阻力。這些阻力包括以下幾方面：

一、無法做觀照自我、檢視內在的功課，因為無法放下對外境中人事物的責怪。

二、認為自己的負面情緒不是負面的，而是理所當然的。

三、無法正視也無法接受自己的缺點。

四、自我意識極其強大堅固而不自知。

五、欠缺堅定、持久、專注的自律習慣，因而懶散懈怠。

六、當修行的道路迂迴時，對修行產生退心。

對治這些心理上和個性上產生的阻力，就是不要去理會、不要說、也不要想，將腦袋裡的聲音和內心的抵制先擱置一旁。按照自己原先排定的修行計畫或日程繼續做功課。只要堅持練習，修行與內在轉化逐日增進時，阻力就會自然的逐漸消退。

領悟、參悟、開悟

在修行的道路上，不要懷著對開悟的期待，那是沒有幫助也沒有意義的。順其自然的讓修行的功課帶領我們前行，修行是只問耕耘不問收穫。修行沒有虛榮、沒有自豪、沒有誇耀，沒有褒貶。如果有任何好的感應、有進步、或是有境界，都讓它順其自然，自然發生，自然來去，不要刻意營造，也不要刻意抓住，一切如其所是。

禪宗講究「參悟」，聽起來好像是很深奧、很困難的事，其實不然。「參」是反覆研習思考的過程；「悟」是透過研習思考後，從內心得到的認知和感悟。經由深刻的思考，對於佛法或外境事相有了深刻的體會和了解，明白事相中蘊含的道理，並且能夠與自己學習的佛法知見和認知邏輯一致，那便是

「參透」了。

「悟」有不同的層次。從對表相上的「似有所悟」，到思惟中心領神會的「領悟」，再到反覆深思探究後的內化，並可以納入自己邏輯架構的「參悟」，最終則是見到表相後面的實相，能夠全面豁然貫通的「開悟」。

禪宗注重在「悟」上下功夫，參禪打坐都是為了追尋「開悟」。參禪打坐是修行的方法，「悟」就是修行的目標。禪宗有所謂的「漸悟」和「頓悟」，若是僅從字面去理解，會誤以為「頓悟」是在頃刻間發生，其實不然。禪宗六祖惠能對「漸悟」和「頓悟」有最好的解釋：「聽法頓中漸，悟法漸中頓。修行頓中漸，證果漸中頓」[6]。惠能雖然提倡頓悟，但也注重漸修的功夫，因為有了漸修漸悟的努力和累積，才會有豁然頓悟的果實，開悟絕非一蹴可幾的。

宋代青原行思禪師說過：「老僧三十年前為參禪時，見山是山，見水是水。及至後來，親見知識，有個入處，見山不是山，見水不是水。而今得個休歇處，依前見，見山只是山，見水只是水。」[7]，這是修行者依照修行境界的進展，對外境的現象有三個不同層次的體悟。第一層看到的是現象界的表相，實有的存在；第二層是學習認識到現象界中表相後面的實相，是所謂的「空性」；第三層則是到了更高的修行境界，對於外境中實有的現象，已經超越了「空」和「有」的執著，亦空亦有，非空非有，也就是超越了現象界的二元對立，這是了不起的修行境界了。

禪宗說：「開悟前挑水砍柴，開悟後挑水砍柴。」生活看起來都一樣，有什麼改變呢？這也說明了修行的境界。修行前，對辛苦的生活，內心裝載的是對現實的不滿、抱怨、抗拒和掙扎。而修行功夫到了一定的境界時，雖然是做同樣的事，但對於日常生活的負面思維與負面情緒已經消失了，也完全放下了，取而代之的是內在的安定與平和。

修行的境界，不在於外在的改變，而是來自內在的轉變。佛法的開悟，是一種超越二元對立的自由。這個超越並非因為能夠容忍外境，而是內在的自由已經對外境無所罣礙了。

修行不需要設定目標

修行不需要設定目標，不需要期盼開悟，不需要浮誇功夫，更不能自以為有成就。修行不是為了虛榮，也不是為了表示自己有深度。那麼，為什麼要修行呢？修行是要達成什麼樣的目標呢？如果我的孩子聽話、書唸得好，我就高興了。如果我有一份穩定的工作與收入，我就安心了。如果我的另一半脾氣好一點，我就心滿意足了。人的願望和煩惱是接踵而至的，一件事滿意了，還有其他煩惱等著我們，我們的心也永遠期盼和仰賴外境的人事物來解決我們的問題，或是滿足我們的企求，才能讓我們快樂安心。如此，我們可能大半輩子都活在不斷的期盼與仰賴中，而內心的安定卻永遠沒有到來。

我們期望外在的歲月靜好，身心才能安頓，但很有可能畢生等待，也盼不到歲月靜好的青睞，因為本末倒置了。我們內在的平和寧靜才是真正的靜好歲月，只有當內在安住於平和寧靜時，身心才能有所安頓。

其實，日常生活中充滿了點點滴滴的歡喜，但是我們經常沒有在意它們，甚至完全忽略，因為我們的注意力多半只在對外境事相的期盼上。當內心充滿困擾、煩惱或企求時，很難感受到周遭的小歡喜。當我們隨時隨地都能因為周遭小事而自然升起點點滴滴的歡喜時，就代表了內心的平靜安定。若是歡喜總是要依靠外境中人、事、物來賜與，那麼就代表內心是脆弱的、依賴的。

走在修行的道路上，生活中仍會有不悅、煩惱、痛苦的事發生。但是，當我們的內在逐漸轉化後，當修行改變我們的心性、心念和心識後，我們的心就能夠超越二元的思維，超越苦與樂的對立。當我們不知道自己的心曾經困在狹隘之中時，就不會知道我們的心原來是可以完全自由自在的。

修行的道路會越走越輕鬆，因為一路上我們不停地清理丟棄所扛負的心靈垃圾。修行道路兩旁的風景也會越來越美麗，因為「眼慈不見惡人，心明出語無怨」❽，也正如六祖惠能所說：「若真修道人，不見世間過」❾。心有多寬，世界就有多美好！

「對境不起心，便是自由人」，修行幫助我們完成內在的轉化。當心柔順時，對外境人事物的處理是圓融的。當心寬大時，外在的世界是無所障礙的。當心清淨時，與外境二元對立的衝突煩惱就會消失。當內心安定時，我們的內在是自由遨翔的。當我們的內心能夠安住持久穩定的自由、平和、寧靜、從容、恬淡、與喜悅時，同時就能享受生命的豐富與遼闊。

只有經由個人精神層面的轉化，才能達到內心的和諧與開悟；也只有經過精神靈性面的修持，才會獲得內心真實的快樂。內在的轉化和修行的目的，就是幫助我們重塑生命，成就原本清淨光明的自己。

---

❶出自《六祖法寶壇經行由品》。

❷佛教認為眾生的業力來自身口意的造作。《中阿含經》中記載，身業有殺、盜、淫；口業有兩舌、惡口、妄語、綺語；意業有貪、嗔、痴，合為「十惡業」。不犯十惡業即為「十善業」。

❸六波羅蜜為佛教大乘佛法修菩薩行的六種行持。分別為：佈施、持戒、忍辱、精進、禪定、智慧。「佈施」又分為財佈施、無畏施和法佈施。常行佈施，可以幫助戒除貪欲和吝嗇的習性，並能長養慈悲心，也就是對他人的同情心與同理心。「持戒」能夠幫助我們養成修行及生活上的自律，戒除過患，尊重規則，維持團體的和諧。修行「忍辱」能夠幫助我們改變傲慢、衝動、易怒、忿恨的習性，增長耐心、包容心和寬容心。「精進」就是持之以恆的努力修行修持，幫助我們去除因循苟且和懈怠的習性，長養我們的決心和堅強的意志力。「禪定」的功夫，幫助我們去除心性的散亂昏沉，去除執著、妄想、煩惱，長養內心的專注、寧靜、與安定，並且拓展 靈性意識潛力。由禪定而生起的「智慧」，能夠幫助我們超越自以為是的自我意識，去除錯誤的主觀判斷，去除無明、偏執和妄念，能夠清晰分辨善法和惡法，能夠通達一切事理。

❹四無量心就是慈、悲、喜、捨四種心懷，是佛教大乘佛法利益眾生的修行法。「慈」是予樂，佈施、平等的愛心、仁愛之心、助人之心、予樂之心。「悲」是為他人拔苦之心，也就是同情心、同理心，能夠換位思考為他人著想的心，能夠體察他人難處的心。慈悲心可以幫助我們降低自我

意識，寬厚待人，改善人際關係。對他人有慈愛心、有憐憫心，有利他、助他之心，可以幫助我們獲得內心的快樂，因為「助人為樂」「為善最樂」。「喜」是隨喜的意思是，見人行善，隨喜助之；見他人成就善事，隨喜讚嘆。在日常生活中，看見別人獲得成就，為他高興，稱讚道賀，不起嫉妒之心。看見別人失意，鼓勵幫助，不起幸災樂禍之心。能有隨喜之心、隨喜之言與隨喜之行，便能夠擴展心中格局，寬大心胸，心中也才能有更多的歡喜自在。「捨」一方面是「佈施」的意思，要樂於助人，並且要做到施人慎勿念，即是佛家所謂的「三輪體空」，佈施之人、佈施之物，以及所施之人，三者皆不記掛於心。「捨」另一方面是「出離」「捨棄」的意思，出離執著，捨棄我是人非的分別心。捨棄對自我的執著、感受、想法以及滿足自我期望的重要性，多為他人著想，才能化解許多負面情緒，也才能出離煩惱。

❺出自《六祖法寶壇經坐禪品》。

❻出自《五燈會元錄》卷二。

❼出自《指月錄》青原禪師。

❽出自趙子儀教授的偈語體詩作。趙子儀教授為虔誠在家居士，曾任台北語文中心講師、香港中文大學雅禮書院講師、夏威夷Iolani School 資深教師。

❾出自《六祖法寶壇經般若品》。

Eurasian Publishing Group
圓神出版事業機構
用心與你對話．視野無限寬廣
圓神出版社
Eurasian Press
www.booklife.com.tw
reader@mail.eurasian.com.tw

生活菩提 019

深入內在的轉化與修行：獲得心靈真正的自由

作　　者／朱箕立仁波切
發 行 人／簡志忠
出 版 者／圓神出版社有限公司
地　　址／臺北市南京東路四段50號6樓之1
電　　話／（02）2579-6600・2579-8800・2570-3939
傳　　真／（02）2579-0338・2577-3220・2570-3636
副 社 長／陳秋月
主　　編／賴真真
專案企畫／賴真真
責任編輯／尉遲佩文
校　　對／尉遲佩文・吳靜怡
美術編輯／金益健
行銷企畫／陳禹伶・林雅雯
印務統籌／劉鳳剛・高榮祥
監　　印／高榮祥
排　　版／陳采淇
經 銷 商／叩應股份有限公司
郵撥帳號／ 18707239
法律顧問／圓神出版事業機構法律顧問　蕭雄淋律師
印　　刷／祥峰印刷廠
2023年12月 初版
2023年12月　2刷

定價 300 元　ISBN 978-986-133-903-0

在現代科學和科技高度發展的世代中，修行的道路更受到人類重視，足見現代人在精神壓力下，是多麼渴望飽受紅塵煩擾的心能夠安住寧靜。冀望藉著修持心性來安頓身心，讓生命體驗意義感與幸福感。

——《深入內在的轉化與修行：獲得心靈眞正的自由》

◆ **很喜歡這本書，很想要分享**

圓神書活網線上提供團購優惠，
或洽讀者服務部 02-2579-6600。

◆ **美好生活的提案家，期待為您服務**

圓神書活網 www.Booklife.com.tw
非會員歡迎體驗優惠，會員獨享累計福利！

國家圖書館出版品預行編目資料

深入內在的轉化與修行：獲得心靈真正的自由／朱筧立仁波切 著.
-- 初版. -- 臺北市：圓神出版社有限公司，2023.12
208面；14.8×20.8公分. --（生活菩提；19）
ISBN 978-986-133-903-0（平裝）

1. CST：密宗 2. CST：佛教修持

226.91 112017371